洛阳古代铁镜

洛阳市文物考古研究院　编
赵晓军　主编

陕西新华出版　三秦出版社

图书在版编目（CIP）数据

洛阳古代铁镜 / 洛阳市文物考古研究院编；赵晓军主编. — 西安：三秦出版社，2023.2
ISBN 978-7-5518-2862-8

Ⅰ. ①洛… Ⅱ. ①洛… ②赵… Ⅲ. ①古镜–铁器(考古)–研究–洛阳 Ⅳ. ①K875.24

中国国家版本馆CIP数据核字(2023)第037940号

洛阳古代铁镜

洛阳市文物考古研究院　编
赵晓军　主编

出版发行　陕西新华出版传媒集团　三秦出版社
社　　址　西安市雁塔区曲江新区登高路 1388 号
电　　话　（029）81205236
邮政编码　710061
印　　刷　洛阳市森美印刷有限公司
开　　本　880 ㎜ ×1230 ㎜　1/16
印　　张　13.5
字　　数　134 千字
版　　次　2023 年 2 月第 1 版
印　　次　2023 年 2 月第 1 次印刷
标准书号　ISBN 978-7-5518-2862-8
定　　价　369.00 元

网　　址　http://www.sqcbs.cn

《洛阳古代铁镜》编辑办公室

洛阳古代铁镜

本书收录了中华人民共和国成立以来洛阳地区考古发现的汉代、曹魏、西晋、北魏以及唐宋时期的铁镜资料百余篇，对铁镜所属墓葬的时代、墓葬形制、随葬器物、出土位置等相关内容进行了简单介绍，并对部分铁镜进行了X光拍照。通过透视照片，我们了解了铁镜纹饰的形成有铸造和镶嵌两种工艺，纹饰种类中的连弧纹、四叶纹、变形夔凤纹、对鸟纹等与同时期铜镜的纹饰相一致。本书对研究洛阳乃至中原地区古代铁镜的时代特征、铸造技术、纹饰形成工艺等，具有参考价值。

目录

概述

在洛阳古代墓葬出土的众多古镜中，有部分铁镜。由于多数铁镜锈蚀严重或成为一堆碎铁锈，在考古报告或简报中一般只作简单的介绍，有的附一张线图、一张照片，有的仅在选介随葬品时写一句“还有 × 件铁镜”而已。学者对中国古代铜镜多有研究，而对铁镜的专题研究较少。[1]铁镜与铜镜一样，同样是研究中国古代政治、经济、文化、民俗等不可或缺的一部分。

据不完全统计，中华人民共和国成立以来洛阳出土古代铁镜约百余件。这些铁镜所属墓葬时代主要是两汉、西晋，曹魏、北魏和唐代墓葬中也有发现。[2]

一、汉墓和汉代遗址出土铁镜

1. 洛阳烧沟汉墓出土铁镜

烧沟墓区位于洛阳市老城区北部烧沟村南、隋唐洛阳城遗址北城垣南侧。1953 年发掘汉墓 225 座，4 座东汉墓即 M1035、M1037、M1038 和 M1040 共出土铁镜 8 件，其中 M1035 出土 3 件，M1037 和 M1038 各出土 2 件，M1040 出土 1 件。[3]

①洛阳烧沟 M1035 时代为东汉晚期，坐南朝北，方向 4 度。已扰乱。

墓葬为前横堂多室墓，由墓道、甬道、前室和后墓室组成。墓道位于前室北部，呈长方形斜坡式，长 16.98、宽 1.16、深 7.60 米。甬道进深 1、宽 1.20 米。前室呈横长方形，南北进深 3.06、东西 8、高 2.80 米。前室南壁有两条甬道分别通向东后室和西后室，东后室甬道与前甬道相对，东后室偏向东侧，进深约 4、宽约 2、高 2 米。西后室甬道较长，进深 2.50、宽 1.10 米。后室南北 2.90、东西约 3 米。整个墓葬用砖砌筑，斜“人”字形铺地，拱形券顶。墓中葬人 6 个，棺木 6 具，其中前室东部一具，东后室二具，西后室三具。随葬品分布各室，其中以前室和西后室为多。计有陶罐 1 件、壶 8 件、瓮 11 件、灶 1 件、井 1 件、奁 2 件、方盒 3 件、甑 1 件、案 5 件、耳杯 6 件、盘 4 件、碗 6 件、勺 1 件、斗 2 件、筒杯 3 件、鸡 2 件、狗 1 件、猪圈 1 件，铜镜 3 件、带 1 件、四叶饰 8 件、顶针 2 件、弩机 5 件、刀 1 件、板形器 1 件、剪 1 件、

[1] 全洪：《试论东汉魏晋南北朝时期的铁镜》，《考古》1994 年第 12 期；程永建：《洛阳出土铁镜的初步研究》，《华夏考古》2011 年第 4 期；陈灿平：《试论隋唐墓葬出土的铁镜》，《中原文物》2021 年第 3 期。

[2] 除注明出处外，均洛阳市考古研究院资料。

[3] 中国科学院考古研究所：《洛阳烧沟汉墓》，科学出版社，1959 年。

钱 1137 枚，铁斧 2 件、刀 4 件、釜 2 件、灯 2 件、镊 1 件、镜 3 件、钱 1 枚，银环 1 件，漆奁 5 件、盒 2 件、罐 2 件，长方石板 1 件，水晶珠 1 件，琉璃珠 1 件，椭圆形琥珀饰 2 件。

M1035：56 号铁镜镜背有席纹痕迹。圆形，扁圆钮。直径 16.2 厘米。M1035：88 号铁镜出于西后室棺内，圆形，扁圆钮。直径 21 厘米。M1035：99 号铁镜出于西后室棺外西北处，镜背有绢纹痕迹。圆形，扁圆钮。直径 13.5 厘米。

②洛阳烧沟 M1037 时代为东汉建宁三年（170），坐南朝北，方向 4 度。已扰乱。

墓葬为前横堂双棺室，由墓道、甬道和三个墓室组成。墓道位于墓室北部，呈斜坡式，长 19.30、宽 1.10、深 7.50 米。甬道进深 0.70、宽 1.97 米。墓室作东西横长方形，东西长 6.70、宽 2.36 米。墓室南壁开有东西两个后墓室，两室均有甬道。东室甬道进深 0.80、宽 1.14 米。室长 2.76、宽 1.90~2.05 米。西室进深 0.76、宽 1.12 米。室长 2.70、宽 1.88 米。除墓门及墓底用砖外，余皆土圹。四壁满刷白灰，墓顶已塌，高度不明。墓早期被盗扰翻乱，在后东墓室发现有棺钉及杂乱的人骨，所葬人数及葬具、葬式等不详。随葬品多已破碎，散乱倒置，能辨器形者有陶罐 4 件、壶 7 件、瓮 5 件、仓 5 件、鼎 1 件、案 2 件、耳杯 17 件、盘 2 件、碗 2 件、勺 2 件、斗 1 件、筒杯 1 件、鸡 2 件、狗 1 件、猪圈 2 件，铜刀 1 件、板形器 1 件、钱 101 枚，铁刀 1 件、镜 2 件，长方形石板 1 件。11 号陶罐腹部有朱书“建宁三年……”字样。

LSM1037：28 号铁镜出于前室偏西部。圆形，扁圆钮。直径 16 厘米。

③洛阳烧沟 M1038 时代东汉晚期，坐北朝南，方向 184 度。已扰乱。

墓葬为前横堂砖室墓，由墓道、甬道、耳室和前、后墓室组成。墓道位于墓室南部，呈斜坡长方形，长 16.75、宽 1.02、深 7.50 米。墓道与甬道相接处各向外侧突出 0.12 米。甬道进深 0.92、宽 1.02、高 1 米。前室呈不规则横长形，西壁西北向东南斜收，东西长 6 米有余，南北宽约 3 米。东部东壁、西壁和北壁各开挖一耳室，东、北两个耳室较小，呈梯形，南耳室稍大，呈长方形。南耳室进深 2.60、宽约 1.70 米。后甬道较短。后室呈长方形，南北进深 3.10、东西宽 2.10 米。整个墓葬用条形砖砌筑，惜前后室顶部均已塌落，高度不详。墓中前室西部和后室各有一具棺木，应葬有二人。随葬品已被盗扰，分布于各个室内。计有陶罐 2 件、壶 11 件、瓮 3 件、仓 1 件、灶 1 件、案 6 件、耳杯 13 件、盘 2 件、碗 1 件、勺 2 件、斗 1 件、筒杯 2 件、鸡 1 件、狗 1 件、猪圈 2 件，铜车马器 1 组、刀 2 件、弩机 5 件、环 1 件、筒杯 1 件、四叶形饰 1 件、铜钱 308 枚，铁刀 6 件、镜 2 件，铅车马器 1 组，石兽 1 件、含 1 件、猪 2 件。

M1038：31 号铁镜出于前室中部。圆形，扁圆形钮，直径 165 厘米。M1038：62，圆形，扁圆形钮。直径 14.5 厘米。

④洛阳烧沟 M1040 时代为东汉时期，长方形土洞墓，方向 185 度。

墓道为竖穴斜坡状，长 4.8、宽 0.86、深 3.6 米。墓门用小砖封砌。墓室平面长方形，长 2.74、宽 1.06、高 1 米。该墓型制较小，早期被盗，出土随葬有陶壶 1 件、瓮 1 件，铜四叶形饰 1 件，金饰 4 件，漆盘 1 件以及铁镜 1 件。

铁镜圆形，扁圆钮。直径 11 厘米。

2. 1955 年，在洛阳涧西区发掘一批小型东汉墓，其中编号 M66 的墓葬为竖穴土圹墓。墓室长 2.4、宽 1.22 米，随葬品有鎏金环、筒瓦和铁镜。洛阳汉墓中鎏金铜器多出于东汉墓中，因此，M66 可能为东汉时期的墓葬。

铁镜锈蚀严重，呈圆形，乳状平钮，直径 13 厘米。[1]

3. 1955 年 11 月，在洛阳拖拉机厂 12 工区发掘汉墓 M6 • 13 • 5，墓葬位于洛阳市涧西区、东周王城遗址西部，头向南。未扰乱。

墓葬为长方形竖穴土坑墓，长 2.39、宽 0.90、深 3.50 米。墓内有木棺痕，头骨面向上，葬式不明。随葬品有陶罐 1 件、瓦当 2 件，铜盒 1 件、钱若干，铁器 1 件、镜 1 件、钉数枚。

铁镜（M6 • 13 • 5：2）出于棺内中部。圆形，半球形钮。直径 16.5、钮径 4.9 厘米。

4. 1955 年 4 月，在洛阳 12 工区拖拉机厂发掘汉墓 M6 • 14 • 9，墓葬位于洛阳市涧西区、东周王城遗址西部，头向南。未扰乱。

墓葬为长方形竖穴土坑墓，长 2.90、宽 1.30、深 3.30 米，墓内有一具棺木。随葬品仅有铜镜 1 件，铁镜 1 件、棺钉若干。

铁镜（M6 • 14 • 9：1）圆形，半球形钮。直径 14、钮径 4.5 厘米。

5. 1956 年 1 月，在洛阳七里河明渠发掘一座东汉墓 54 工区 M2，墓葬位于洛阳市涧西区、东周王城遗址西部。坐西朝东，方向 90 度。未扰乱。

墓葬由墓道、甬道、墓室和耳室组成。墓道位于墓室东部，未发掘，长度不明，宽 1.34 米。甬道进深 0.90、宽 1.08、高 1.32 米。墓室呈东西长的长方形，南壁西部向内收，进深 5.50、宽 1.78、高 1.86 米。甬道和墓室均用小砖砌筑，底部为斜“人”字形平铺，四壁错缝顺砌，顶部作拱券。墓室北壁中部向北挖一长方形土洞耳室，进深 2.26、宽 1.50、高 1.16 米。墓室和耳室各有棺木一具。随葬品以陶器为主，多放置在墓室中，耳室仅有少许。计有陶瓮 1 件、鼎 1 件、壶 10 件、罐 3 件、仓 5 件、盆 1 件、奁 1 件、方案 2 件、圆案 1 件、鐎斗 1 件、耳杯 3 件、井 1 件、量 1 件、碗 1 件、灶 1 件、猪圈 1 件、狗 1 件、鸡 2 件、人俑 1 件、瓦当 1 件，铜弩机 2 件、刀 1 件、镜 1 件、钱 190 枚，铁镜 1 件、器 1 件、铁棺钉若干，铅饰 2 件，玉猪 4 件，料珠 285 个。

铁镜（M2：37）出于墓室西南角，保存较差。圆形，半球形钮。直径 9.6、钮径 1.5 厘米。

[1] 河南省文化局文物工作队：《一九五五年洛阳涧西区小型汉墓发掘报告》，《考古学报》1959 年第 2 期。

6.1957年9月，在洛阳417工区巩县—石家庄铁路复线发掘东汉墓M11，墓葬位于河南省巩义市（原巩县）黑石关东，坐北朝南。墓室未扰乱。

墓葬为多室砖券墓，由墓道、前甬道、前室、东侧室、西耳室、后甬道和后室等七部分组成。墓道位于前室南部，为长方形斜坡墓道，斜坡15度。墓道宽0.98米，长度不详。前甬道为长方形，进深1.24、宽0.86、高1.21米。前甬道南部用长条形砖封筑三层，最外层错缝平铺，二层顺立，里层以“人”字形砌筑。前室平面呈近正方形，东西2.71、南北2.66米，高2.40米。东侧室也作长方形，进深3米，宽度不一，最宽处1.28米，高1.18米。西耳室进深0.70米。后甬道位于后室北壁中部，与后室相接平面呈“刀”形。后室南北进深（包括后甬道）3.10、宽1.40、高1.30米。整个墓葬（除墓道外）全部用条形砖砌筑，四壁用三顺一侧交错砌成，顶部均为双层拱形券顶。墓中葬有三人，均有棺木。其中二具位于后室，呈东西并排放置，头向朝南，另一具位于东侧室，头向西。随葬品有陶器、铜器、铁器等数十件。其中10件陶罐有8件放在前室东北角，另2件在东侧室近前室处。后室东侧棺内头骨顶部放有铜熏炉1件，松绿石饰2件、料珠5件，银簪2件，铜钱14枚、弩机1件和铁镜1件。西侧棺内仅有铜镜和银簪各1件。在两棺之间距墓室底部0.40米处，有一铁剑横置。另有铁棺钉数枚。

铁镜（M11：1）器形基本完整，仅边缘缺失一小块。圆形，半球形钮。直径14.2、厚0.4、钮径2.2、钮高0.9厘米。X光片显示为圆钮座，以钮为中心向外饰变形弧方形座四叶，主体纹饰或为对鸟纹，连弧纹缘。

7.1958年1月，洛阳401工区铁站线（建校水沟转弯处）发掘汉墓M151，墓葬位于洛阳市北烧沟村南、隋唐洛阳城遗址北城墙南侧，坐东朝西，方向90度。已扰乱。

墓葬为带墓道的甲字形砖室墓，由墓道、甬道和墓室组成。墓道位于墓室西部，长度不明，宽1.20、深8.30米。甬道西端有条形封口，进深1.42、宽1米。墓室呈东西长的不规则长方形，进深3.80、宽2.19米。甬道和墓室用砖砌筑，惜已塌落，墓底用砖错缝斜铺。墓中有棺两具，被泥水冲挤在一起。死者头向东。随葬品也被泥水冲移，位置已乱，有的被冲移至甬道处。计有陶壶2件、仓2件、量1件、盆1件、耳杯1件、瓦当1件，铜圈1件、钱5枚，玉猪2件，铁镜1件、棺钉若干。

铁镜（M151：1）出于甬道北壁，残存大半个。圆形，半球形钮。X光片显示镜背有两道宽带，宽缘。直径17.8厘米。

8.1965年11月，洛阳储运公司一座工地发掘东汉墓M11，墓葬位于洛阳市北部、隋唐洛阳城遗址内北城墙南侧。

墓葬为双耳室砖室墓，由墓道，甬道，东、西耳室和墓室组成。随葬品有陶壶2件、甑1件、猪1件、鸭1件、鸡1件、狗1件、鹅1件、瓦当1件，玉猪2件，石研磨器1套，铜洗1件、钱和铁镜1件。

铁镜（M11：12）圆形，半球形钮。直径 21、钮径 5 厘米。

9. 1969 年 12 月，在焦枝铁路洛阳段塔西铁路西侧发掘一座东汉墓 M1，墓葬位于洛阳市东郊、隋唐洛阳城遗址东，坐西朝东。已扰乱。

墓葬为小砖结构，由甬道、耳室和前、后室组成。甬道在墓室东部，呈长方形，进深 2.42、宽 1.42、高 1.70 米。甬道东端有封门砖。甬道中部两侧各有一耳室，北耳室进深 1.40、宽 1.08、高 1 米。南耳室进深 2.12、宽 1.06、高 1 米。墓室东西进深 6.20、南北 2.54、高 2.84 米。中部有一道隔墙，墓室分为前、后室，隔墙宽 0.28 米，南段长 1.54、北段长 0.19 米。前室进深 2.93 米，后室进深 2.97 米。整个墓葬全部用砖砌筑，耳室和墓室均为拱形券顶。后室东西向并列放置两具棺木，葬式为仰身直肢。随葬品以陶器为主，生活用器多放置于南耳室，有陶罐 1 件、壶 4 件、奁 4 件、甑 1 件、豆 4 件、盆 1 件、方盒 1 件、洗 1 件、博山炉 1 件、耳杯 3 件等；北耳室为车马间，出有铅质车器，后室北棺内出有铜弩机 3 件，后室还出有铜钱 3 枚，骨管 1 件，石猪 1 件和铁镜 1 件。

铁镜（M1：2）出于两具棺木外的西侧中部，保存较差。形状为圆形，半球形钮。残径 17.2、钮径 3.7 厘米。

10. 1969 年 11 月，在洛阳矿山厂水压机车间发掘东汉墓 M40，墓葬位于洛阳市涧西区、东周王城遗址西部，坐北朝南。未扰乱。

墓葬为带墓道的土洞墓，墓道在墓室南部，呈梯形；墓室近方形，东西 3.10、南北 3.35、高 3.10 米。墓室中东西并排放置棺木三具，葬式均为仰身直肢，西边两具棺木死者头向北，东边一具棺木死者头向南。随葬品有陶罐 2 件、平底罐 2 件、量 3 件、壶 2 件、猪圈 1 件、猪 1 件、井 1 件、灶 1 件、鸡 2 件、狗 1 件、瓦当 2 件，铜镜 1 件、钱约 5 公斤、饰 8 件、铜漆盒 1 件，铁剪 2 件、刀 2 件、戟 1 件、镜 1 件。

铁镜（M40：6）出于中间一具棺木内北端。圆形、半球形钮。直径 16.5、钮径 3.2 厘米。

11. 1970 年 8~9 月，在洛阳唐寺门发掘两座东汉墓 M1 和 M2，墓葬位于洛阳市东郊、隋唐洛阳城遗址东北角处。经查询原始发掘资料，M1 出土铁镜 4 件，M2 出土铁镜 1 件。

① M1 为东汉永康元年（167）墓，坐北朝南，方向 180 度。已扰乱。

墓葬平面作“干”字形的前横列堂双室砖券墓，由墓道、前后甬道和前后室组成。墓道位于前室南部，作长方形斜坡状，长约 18、宽 1.28、深 7 米。前甬道进深 2.80、宽 1.30、高 1.56 米。前室作横列长方形，东西长 10、南北进深 3.20、高 3.20 米。后甬道进深 3.20 米，宽高与前甬道相同。后室也呈横长方形，东西长 7、南北进深 3、高 3 米。甬道南端有石门一对，石门上刻有浮雕铺首衔环，石门外有封门砖；整个墓葬用砖砌筑，砖有大小两种，大砖用于墙壁下部、顶部和铺地，其余均用小砖。墓顶皆为拱形券。墓中共葬 7 人，有棺木 7 具，即前室东侧 2 具，前室西侧 3 具，后室东、西侧各 1 具。由于墓葬早期被盗扰，棺木及随葬品多已扰乱，但仍出土各类器物百余件。除少数随葬品放在过道外，大多数分放于各室棺木周围，并且基本以室为单位成组放置。计有陶罐 10 件、平底罐 2 件、鼎 1 件、豆 1 件、壶 3 件、盘 5 件、仓 3 件、方盒 2 件、案 8 件、井 1 件、灶 1 件、三足洗 1 件、洗 1 件、鐎斗 2 件、耳杯 15 件、碗 1 件、猪圈 1 件、狗 1 件、鸡 1 件、瓦当 1 件、瓦 4 件、酱釉罐 1 件，石猪 7 件，铜钱 333 枚、杖首 1 件、环饰 2 件，铁剪 1 件、刀 1 件、镜 4 件，骨尺 2 件以及漆器、漆器饰件等。

铁镜均为圆形、半球形钮。标本 M1：34 出于前室西侧南壁下，直径 21.5 厘米。另两件即 69 号和 34 号分别出于前室东侧近北壁处和扰乱土层中。标本 M1：69 出于前室东南角，残破为数块。直径 21.5 厘米。标本 M1：44 出于前室南壁近墓口处，直径 13 厘米。标本 M1：103 出于扰土中，仅余少许。复原直径 17.2 厘米。

② M2 坐北朝南，方向 180 度。已扰乱。

墓葬为砖券双室墓，由墓道、前后甬道和前后墓室组成。墓道位于墓室南部，呈长方形斜坡式，长度不详。前甬道进深 2.20、宽 1、高 1.54 米。前室呈横列堂式，东西 5.60、南北进深 3.10、高 3 米。后室与前甬道在一直线上，与后甬道相连平面呈“刀”形。南北进深 2.70、东西宽 1.86、高 1.80 米。整个墓葬用砖砌筑，甬道南端有封门砖，墓底用砖错缝平铺，顶部全部用拱形券。墓后室有棺木一具，头向南。前室西部有木板灰痕。随葬品绝大多数为陶器，主要放置在前室东部，前室西部和后室较少。计有陶猪圈 2 件、奁 2 件、三足洗 1 件、灶 2 件、方案 3 件、井 2 件、盘 8 件、仓 9 件、平底罐 2 件、鐎斗 2 件、豆 1 件、博山炉 1 件、耳杯 11 件、壶 3 件、罐 1 件、碗 1 件、猪 2 件、瓦 1 件，铜弩机 1 件、铜镜 2 件，铁刀 1 件、铁镜 1 件。

铁镜（M2：17）出于前室东侧中部，基本完整。圆形，半球形钮。直径 13、钮径 2.8 厘米。[1]

12. 1974 年 3 月，在洛阳南郊燃化李屯实验厂百货楼发掘一座东汉墓 C7M3，墓葬位于洛阳市西南郊、隋唐洛阳城遗址西南部，坐西朝东。已扰乱。

墓葬为砖券双室墓，由墓道、前后甬道和前后室组成。墓道位于墓室东部，为长方形斜坡式，长度不详。前甬道进深 1.28、宽 0.92 米。东端有封门砖。前室呈横长方形，南北 4.60、东西进深 2.08 米。前室东侧南壁开有一土洞耳室，进深 0.88、宽 1.20 米。后甬道与前甬道不在一条直线上，稍偏向南部。进深 1.20、宽 1.10 米。后室呈长方形，后室南壁与后甬道南壁在一条直线上，与后甬道相连平面呈反刀形。后室进深 2.90、宽 1.96 米。整个墓顶部塌落，高度不明。墓中有棺木两具，分别放于前室和后室。前室棺木放于前室北部，呈南北向放置，头向不明。后室棺木位于后室南壁处，呈东西向放置，头向西。随葬品以陶器为主，主要放在前室南部和后室棺木的北侧。计有釉陶壶 1 件、陶罐 1 件、仓 3 件、壶 10 件、盘 4 件、盆 1 件、井 1 件、灶 1 件、耳杯 1 件、

[1] 洛阳市文物工作队：《洛阳唐寺门两座汉墓发掘简报》，《中原文物》1984 年第 3 期。

勺 4 件、碗 1 件、瓦当 2 件、鸭 1 件、鸡 2 件、猪 1 件，铜刀 1 件、剑 1 件、车马器 1 组、弩机 3 件、镜 3 件、博山炉 1 件，铁镜 2 件、刀 1 件、剪 1 件、棺钉数枚。

铁镜（C7M3：41）出于后室棺内中部，保存不完整。形状呈圆形，半球形钮。平素缘，较宽。直径 10.8、钮径 2 厘米。铁镜（C7M3：42）出于后室棺木东部，保存基本完整。呈圆形，半球形钮。直径 16.3、钮径 3.6 厘米。

13. 1974 年 3 月，在洛阳燃化李屯实验厂百货楼发掘东汉元嘉二年（152）墓 C7M1，墓葬位于洛阳市西南郊、隋唐洛阳遗址西南，坐北朝南。已扰乱。

墓葬为砖券单室墓，由墓道、甬道、墓室和耳室组成。墓道在墓室南部，为长方形，未发掘。甬道进深 1.27、宽 1.08 米，甬道南端有封门砖。墓室呈南北长的长方形，墓室南部稍宽于北部。进深 4.94、南部宽 2.16、北部宽 2.05、高 1.30 米。耳室位于墓室东侧南部，进深 1.34、宽 1.10、高 1.10 米。甬道、墓室均用砖砌筑，墓壁皆以斜“人”字形竖砌，拱形券顶。墓室也用砖斜“人”字形铺地。墓室北部并排放置两具棺木，头向北。随葬品以陶器为主，还有铜、铁、石器等。计有陶罐 9 件、盘 2 件、奁 1 件、豆 1 件、盆 2 件、三足盆 1 件、壶 2 件、镳斗 1 件、仓 5 件、灶 1 件、勺 1 件、耳杯 8 件、博山炉 1 件、猪圈 1 件、狗 1 件、鸡 2 件、羊 1 件、瓦当 2 件，石砚 1 件，铜镜 1 件、钱 1 包、卡 3 件、弩机 4 件、刀 1 件，铁刀 2 件、釜 1 件、镜 1 件。在一件陶罐上有朱书“元嘉二年……”等隶书文字。

铁镜（C7M1：37）出于东棺内人头骨左侧，圆形，半球形钮。X 光片显示可能为弧方形钮座，连弧纹缘，内区有曲线形纹，或为变形夔凤纹。[1]

14. 1974 年 12 月，在洛阳饮食公司玻璃厂大楼发掘东汉墓 C1M44，墓葬位于洛阳市西工区、隋唐洛阳城遗址内西部，坐北朝南，北偏西 5 度。已盗扰。

墓葬为双室砖砌墓，由墓道、甬道、前室、后室和耳室组成。墓道位于墓室南部，呈长方形斜坡状，长 7.70、宽 1.07、深 6.25 米。前甬道南端用砖作斜“人”字形封门，进深 1.80、宽同墓道。前室作横长方形，东西长 6.60、南北宽 3.02 米。后甬道进深 1.20、宽 1.04 米。后室已残，从残存现象看为南北长方形，残长 1.90、残宽 1.90 米。在前室东壁有一长方形耳室，进深 2.10、宽 1 米。墓葬原为砖砌，已被盗揭，砌法不明。在前室西半部有高 0.20 米的棺床。随葬品放置位置因盗扰已全部移动，残余随葬品主要集中在前室东部。计有陶盘 1 件、人俑 5 件、狗 1 件、瓦当 1 件，玉猪 1 件、玉饰 1 件，铜钱、铜车马明器 50 件、矛 1 件、铺首 1 件、帽钉 2 件，铁剑 1 件、矛 1 件、鼎 1 件、镜 3 件。

铁镜（C1M44：28-1~3）均出于扰土层中。均圆形，半球形钮。直径分别为 16、13.6 和 14.8 厘米。

15. 1976 年 6 月，在洛阳市郊区变电站发掘东汉墓 C5M31，墓葬位于洛

[1] 洛阳市文物工作队：《洛阳李屯汉元嘉二年墓发掘简报》，《考古与文物》1997 年第 2 期。

阳市东郊、隋唐洛阳城遗址东部，坐东朝西。未扰乱。

墓葬由墓道、甬道、墓室和耳室组成。墓道位于墓室西壁正中，长度不明，宽 1.30 米。甬道进深 1.08、宽 0.96 米。甬道西口有条形砖封门。墓室平面作南北长的横长方形，南北长 6.70、东西宽 2.80 米。墓顶塌落，高度不明。墓室用小砖铺地。耳室位于墓室后壁中部，进深 0.80 米。墓室南北两边墓壁处各有棺木一具，头向西，葬式均为仰身直肢。墓中随葬品以陶器为主，有罐 15 件、壶 1 件、方盒 1 件、瓮 1 件、鐎斗 1 件、博山炉 1 件、猪圈 1 件、瓦当 1 件等 20 余件，放置位置多在墓室南部，墓室中部和耳室中较少。铜器有铜镜 1 件、鸠车 1 件、耳杯 1 件、钱 1 包等，铁镜 1 件。

铁镜（C5M31：6）出于墓室中部近甬道处，基本完整。圆形，半球形钮。直径 16.6、钮径 4.1 厘米。X 光片显示弧方形钮座。

16. 1981 年，洛阳西工区塘沽路南侧发掘两座东汉晚期砖室壁画墓。其中 C1M120 为横堂砖室墓，方向 0 度。

由墓道、甬道和墓室组成，墓道位于横室南侧偏东，钻探长 20 米左右，底部为斜坡状。甬道平面作长方形，顶部为拱形。南北长 22.5、东西宽 14 米。墓室为横列式，东西长 7、南北宽 3、高 2.9 米。底部铺砖，四壁砌砖，约 2 米处用扇形砖砌并列式拱券。墓室绘有壁画，东壁为“宴饮图”，南壁为“出行图”。该墓早期被盗，随葬品位置被扰乱，共清理出随葬品 277 件，其中陶器 23 件，铜、铁、铅器 222 件，骨、石器 29 件，带字砖 3 块。计陶罐 7 件、甑 2 件、方奁 1 件、猪圈 1 件、鸡 1 件、狗 1 件、瓦当 1 件、板瓦 4 件、筒瓦 2 件、盆形器 1 件、鎏金铜钩 1 件、铺首 6 件、铜盖弓帽 28 件、軎 4 件、圆筒形器 4 件、轙 1 件、扣 7 件、圆泡 2 件、环 26 件、钱币 82 枚，铁釜 1 件、镜 2 件，骨尺 1 件，石猪 2 件，蚌珠 16 颗，水晶石 9 件。

铁镜（C1M120：3：4）2 件，惜锈蚀严重。均圆形，半球形钮。[1]

17. 1984 年春，洛阳市偃师首阳山电厂基建工地发掘一座东汉晚期车马出行壁画墓，编号 84YDT29M17，方向 10 度。

墓葬由墓道、墓门、前甬道、前堂、后甬道和后室组成。墓道位于墓葬南部，斜坡状，总长 20 米。墓门为两扇石门，上浅浮雕铺首衔环纹。前甬道平面作长方形，砖券顶。前堂平面为横长方形，四壁砌砖。其中南壁、西壁和北壁绘有“车马出行图”壁画。后甬道基本同前甬道。后室呈南北长方形，亦砖砌。该墓被盗扰，残存随葬品除位于前室外，在墓道堆放有大量碎陶片。经修复，有陶碗 6、瓮 1 件、盒 1 件、奁 1 件、盆 3 件、案 1 件、盘 2 件、猪圈 1 件、陶鸡 2 件、狗 1 件，玉石猪 1 件，铜钱近百枚，铁镜 1 件。

铁镜（M17：2）出于前室棺西端，锈蚀严重。圆形，半球形钮。直径 16.5 厘米。[2]

18. 1981 年 10 月，在洛阳涧西南昌路房管局发掘东汉墓 C4M19，墓葬位

[1] 洛阳市文物工作队：《洛阳西工东汉壁画墓》，《中原文物》1982 年第 3 期。

[2] 中国社会科学院考古研究所河南第二工作队：《河南偃师杏园村东汉壁画墓》，《考古》1985 年第 1 期。

于洛阳市涧西区、东周王城遗址西部，坐南朝北。已盗扰。

墓葬为带墓道的砖室墓，由墓道、甬道和墓室组成。墓道位于墓室北部，未发掘长度不详。甬道进深1.50、宽1、高1.50米。墓室呈东西横长方形，东西长7.80、南北进深3.50、高2.64米。墓室西半部为高0.20米的棺床，东壁北角有一小耳室。墓室全部用砖砌筑，底部用砖错缝平铺，四壁均错缝砌成，拱形券顶。墓室东、西部散乱少许人骨架及铁棺钉，应有棺。墓中残存随葬有陶壶4件、罐2件、鼎1件、瓮1件、奁3件、案1件、耳杯3件、勺2件、瓦当1件，铜钱229枚、四蒂花饰1件，铁灯2件、刀1件、镜2件。

两件铁镜均出于墓室中部。其中C4M19：4保存完整，呈圆形，半球形钮。直径11.1、钮径3.2厘米。C4M19：2保存较差，亦呈圆形，半球形钮。直径12.4、钮径3厘米。

19.1984至1986年，在洛阳市老城区和西工区发掘汉墓23座，汉墓主要分布在邙山脚下烧沟墓地的东部。墓葬年代自西汉中期至东汉晚期。铁镜1件（M24：137），圆形，凸钮。直径14.2厘米。[1]

20.1986年12月，在洛阳机车工厂生活间发掘东汉墓C5M195，洛阳机车厂位于洛阳市东郊、隋唐洛阳城遗址东北部。墓葬坐东朝西。已盗扰。

墓葬为长方形砖室墓，由墓道、甬道和墓室组成。墓道位于墓室西部，呈竖井长方形，宽1.20、深7.20米。甬道稍宽于墓道，两壁向外微凸，进深2.38、宽1.90米。墓室呈横长方形，东西进深3.50、南北长8.50、高2.80米。墓室东壁与墓道相对应处有一小耳室，进深仅0.40米，宽不足1米。墓葬用砖砌筑，甬道前端用小砖封堵，墓室四壁错缝平砌，东部有高0.20米的错缝平铺砖砌棺床，其余用砖斜“人”字形平铺。拱形券顶。东部棺床上南北并列放置棺木两具，因朽甚，葬式不明。随葬品以陶器为主，盗扰后原位已乱，主要集中在墓室中部，东部棺内外少许，西部很少。计有陶鼎2件、盆1件、奁2件、碗1件、案3件、井1件、耳杯1件、灶1件、猪圈1件、鸡2件、勺1件及成堆陶片，铜器多为饰件，如四蒂花、铜扣饰及铜钱数枚，另有银圈1件、骨制品1件，铁剑1件、镜3件、棺钉数枚。

C5M195：31号铁镜出于甬道内北端近盗洞处，5、6号铁镜分出于甬道内南端东、西壁下。3件铁镜均为圆形，半球形钮。其中一件直径19、钮径5.8厘米。X光片显示为错金（银）纹镜，钮座为外侧锯齿纹的圆钮座，弧方四叶纹，主体纹饰为四组对凤纹，镜缘饰云气纹。四叶纹间有篆书“长宜子孙”四字。

21.1986年10至12月，在洛阳市南昌路兴隆村发掘一批汉墓，其中BM3为一东汉晚期的前横列堂双后室砖室墓，墓向正北方。

该墓由墓道（未清理）、甬道、前室、东西后甬道和东西后室组成。甬道长1.34、宽0.94、高1.20米。前室东西长7.24、宽2.4、高3.08米，券顶。东西后室由有东西后甬道相连接，东后室为不规则方形，东西3.12、南北2.66、

[1] 中国社会科学院考古研究所洛阳唐城队：《1984至1986年洛阳市区汉晋墓发掘简报》，《考古学集刊》7集，科学出版社，1991年。

高 2.36 米。西后室长方形，东西 3.10、南北 2.46、高 2.05 米。墓葬早期被盗，清理土随葬品 348 件，其中陶器 97 件、铁器 6 件，另有铜镜 2 件，铜钱 249 枚。

铁镜（BM3：16），锈蚀严重。圆形，半球形钮。直径 17.2 厘米。[1]

22.1987 年 5 月，在洛阳北郊吉利区 22 万输变站发掘汉墓 C9M264，墓葬位于洛阳市黄河北岸吉利区，坐北朝南，方向 184 度。未盗扰。

墓葬为单室砖券墓。墓道位于墓室南部，呈长方形竖穴状，长 5.40、宽 0.84、深 5.80 米。甬道南端有封门砖，进深 1、宽 0.88、高 0.92 米。墓室呈长方形，南北长 2.60、东西宽 1.60、高 2.06 米。墓壁用砖错缝平砌，墓室顶部砌法较为特别，墓室中部横剖面呈“人”字形。由于墓中渗入泥水，随葬品多已移位。随葬品有陶罐 7 件、碗 1 件，铜铃 1 件、钱 1 包，银饰 1 件，铁镜 1 件。

铁镜（C9M264：9）出于墓室中部偏西处，保存基本完整。圆形，半球形钮。直径 16.5、钮径 4.5 厘米。

23.1987 年 6 月，在洛阳机车工厂磷化车间发掘东汉墓 C5M258，墓葬位于洛阳市东郊、隋唐洛阳城遗址东部，坐北朝南，177 度。已盗扰。

墓葬为双室砖券墓，由墓道、前后甬道和前后室组成。墓道位于墓室南部，呈长方形斜坡状，长 11.50、宽 1、深 6.20 米。前甬道进深 1.50、宽 1.06、高 1.50 米。前室呈东西横长方形，长 5.84、南北宽 2.25、高 2.38 米。后甬道进深 1.52、宽 1.10、高 1.42 米。后室偏向后甬道西，呈南北长方形，南北长 3.05、宽 2.10、高 2.10 米。前甬道南端用砖斜“人”字形封门，甬道和墓室四壁用条形砖砌筑，斜“人”字形铺地，拱形券顶。因盗扰严重，葬具等已不存。墓中残存随葬品有陶平底罐 5 件、仓 4 件、案 1 件、盒 1 件、勺 1 件、灯 1 件、桶 2 件、鸡 1 件、狗 1 件、猪圈 1 件、瓦当 2 件，铜钱若干，铁镜 1 件。

铁镜（C5M258：14）出于后室中。圆形，半球形钮。直径 16.2、钮径 4.4 厘米。

24.1974 年 7 月，在洛阳拖拉机厂 40 分厂发掘东汉光和二年（179）墓 M1，墓葬位于洛阳市涧西区、东周王城遗址西部，坐北朝南。已盗扰。

墓葬为砖铺底土洞墓，由墓道、甬道、前室、后室组成。墓道位于墓室南部，长度和宽度不明。甬道南端有土门砖，进深 2.60、宽 1.20 米。前室平面呈不规则横长方形，前室西半部较宽，并有一砖铺棺床，棺床东西 1.84 米，南北与前室同宽，高 0.25 米。靠前室西壁还有一与前室同宽、东西 0.46、高 0.30 米，下部有 6 个砖砌墩子上置 6 块方砖的长条形砖台。前室东半部较窄，北壁开一口与后室相接。后室呈长方形，进深 2.90、东西宽 2.20 米。由于墓葬被盗扰，墓中骨架、随葬品零乱散落。从骨架数量看，墓中葬有 4 人。随葬品有陶仓 2 件、罐 13 件、奁 2 件、盆 2 件、鐎斗 3 件、盘 3 件、碗 5 件、案 2 件、壶 7 件、陶壶 2、壶 1 件、杯 2 件、勺 4 件、甑 1 件、猪圈 1 件、狗

[1] 洛阳市第二文物工作队：《洛阳市南昌路东汉墓发掘简报》，《中原文物》1987 年第 3 期。

1 件、鸡 2 件、瓦当 2 件，铜刀 1 件、镜 1 件、铜钱，银镯 2 件、耳坠 2 件，铁灯 1 件、刀 2 件和铁镜 2 件等。

铁镜（M1：7）出土位置不详。均圆形，半球形钮。其中一件直径 14.2、钮径 3.8 厘米。另一件直径 16.6、钮径 3.4 厘米。X 光片显示为圆钮座，变形弧方四叶纹，主体纹饰或为变形夔凤纹，连弧缘。[1]

25. 1987 年 1 月，在洛阳 80304 部队 534 医院发掘汉墓 C4M684，墓葬位于洛阳市涧西区、东周王城遗址西南，坐南朝北，方向 20 度。已盗扰。

墓葬为带墓道单室砖券墓，由墓道、甬道、墓室、耳室组成。墓道位于墓室北部，呈长方形竖井式，长度约 3 米，宽 0.98、深 5.40 米，近甬道处向外加宽至 1 米。甬道进深 1.24、宽 1、高 1.20 米。墓室呈不规则长方形，南北进深 2.68、东西宽 3.96、前部高 2.04 米，后顶部塌落，高度不详。墓室南壁与墓道相对应处有一小耳室，进深 0.73、宽 0.74 米。墓葬的甬道和墓室东部用砖砌筑，墓室东部为券顶，平砖斜“人”字形铺地，西部用砖砌至 1.66 米处。墓室东部靠南东西向并排放有两具木棺，仅见棺痕。随葬品多被扰乱，残存随葬品 20 余件。计有陶罐 11 件、瓮 1 件、壶 2 件、盒 1 件、甑 1 件，铜镜 1 件、铜钱若干，金圈 1 件，铁灯 2 件、釜 1 件、镜 1 件。

铁镜（C4M684：17）出于南棺内西端，残为四块。圆形，半球形钮。直径 17.5、钮径 4.5 厘米。X 光片显示为平缘稍宽，内区或有线条状纹饰。

26. 1987 年 6 月，在洛阳机车工厂转向架车间发掘东汉墓 C5M265，机车厂位于洛阳市东郊、隋唐洛阳城遗址东北部，坐北朝南，方向 180 度。未扰乱。

墓葬为带墓道的土洞墓。墓道位于墓室南侧，呈长方形竖井式斜坡墓道，长 6.55、宽 1、深 6 米。墓室呈长方形土洞，墓室南北进深 4.3、东西长 1.7、高 1.8 米。墓室北侧有木棺痕，南北并排葬死者二人，从西侧死者骨架头部有铁剪等随葬品看，应为女性，东侧则为男性。随葬品有陶罐 1 件、盆 1 件、瓦当 1 件、壶 1 件，铜环 4 件、弩机 4 件、镜 1 件、钱币数枚、饰片若干，铁剪 1 件、镜 1 件，玉含 1 件、石猪 2 件。

铁镜（C5M265：5）出于东侧死者头骨处。圆形，半球形钮。直径 21.2、钮径 3.4 厘米。X 光片显示为四蒂形钮座，主区纹饰为内连弧纹，宽缘。

27. 1988 年 1 月，在洛阳机车工厂发掘一座东汉晚期墓 C5M346，机车厂位于洛阳市东郊、隋唐洛阳城遗址东北部。坐北朝南。已扰乱。

墓葬由封土、墓道、前后甬道、前后墓室组成。封土用黄土夯筑而成，形状为圆台形，高 6.80、底部直径 17.48、顶部直径 5.30 米。墓道位于前室南部，呈长方形斜坡状，钻探长度 20 米，发掘仅 4.20 米，宽 1.24 米。前甬道作长方形，南端有封门砖。底部用条形砖错缝平铺，拱形双幅券顶。进深 3.70、宽 1.80、高 1.70 米。前室作东西长的横长方形，横长 7、进深 3.56、残高 3.58 米。前室西部有高出墓底 0.22 米的棺床基，砖砌方法同甬道。前室东部有一长方形耳室，砖砌而成，方法同前。进深 2.48、宽 1.65、高 1.70 米。

[1] 洛阳博物馆：《洛阳东汉光和二年王当墓发掘简报》，《文物》1980 年第 6 期。

后甬道结构同前甬道，进深2.86、宽1.28、高1.62米。后室偏于后甬道东侧，也呈长方形。四壁、顶部砖筑结构同甬道，底部则先竖放一层长方形砖，然后再错缝平铺。进深3.10、宽2.48、高2.66米。扰乱后的随葬品主要集中在前室和后甬道，种类有陶、铜、铁、铅、银、玉石器等。计陶器138件，其中罐4件、仓5件、瓮6件、壶1件、盆1件、盘3件、洗2件、鐎斗2件、盒1件、耳杯12件、勺2件、案4件、仓楼1件、猪圈1件、鸡2件、猪1件、人俑2件、瓦当2件、泥饼85件；铜器223件，另有铜钱101枚。铜器有鎏金羽人1件、熨斗1件、甑釜1套、洗1件、“吉羊宜一王”盘1件、碗1件、熏炉1件、刀1件、弩机1件、合页1件、构件2组、耳杯饰5套、扣12件、环16件、钉10件、泡钉22件、箍49件、四蒂花饰3件、盖弓帽27件、轴头6件、当卢1件、衔镳7件、铺首4件；铁器14件，其中灯1件、镜3件、刀1件、剑1件、盏1件、棍1件、钩1件、圈4件、片状物1件；其他有银箍1件、铅饼35件、铅人1件、铅盖弓帽18件、石猪5件、玉饰3件、玉衣片完整者750片（多数已破碎）、鎏金铜丝等。

3件铁镜均为圆形，半球形钮，其中2件已碎。标本铁镜（C5M346：1），直径13.1、钮径2.8、钮高0.8厘米。X光照片可知为错金纹镜，此镜为蝙蝠形四叶纹钮座，间饰四字篆书铭文“长宜子孙”，外饰内连弧纹一周，缘较宽，上饰云气纹。

该墓地表封土高大，墓中出土有鎏金铜缕玉衣以及“吉羊宜一王”铜盘等，可知墓主身份应为王侯或大贵人等。[1]

28.1990年秋至1991年春，在洛阳机车工厂发掘一座东汉晚期壁画墓C5M483。

墓葬地表现存有椭圆形封土，用黄土夯筑而成。长径62、短径35.5、高10.5米。该墓形制为砖石结构的多室券顶墓，方向180度。由墓道、墓门、甬道、前室、中门、中甬道、中室、后甬道和后室组成。各室及甬道平面均为长方形。其建筑方式是先挖出墓圹，后用预制的砖石砌筑而成。墓门、前室、中甬道和中室壁上残存有壁画。墓南北通长19.12、东西通宽16.65、自墓圹口至墓底深6.54米。墓葬被盗严重，残存随葬品有陶罐1件、瓦当3件、石灯1件、铁镜1件、铜甑1件、矛1件、钱币4枚等10余件，另有不少的陶器残片，能分辨出的器形有罐、鼎、盘、仓、奁、案、猪圈等。

铁镜（C5M483：6）已残。圆形、圆钮。直径20.4厘米。[2]

29.1992年8月，在洛阳市瀍河区民族路北、夹马营路西发掘一座东汉晚期砖砌洞室墓C3M226，方向正北向。

墓葬由墓道（未发掘）、甬道、墓室和耳室组成。甬道用小砖封堵，前为弧顶土洞，后为砖券。墓室作长方形横列式，小砖券砌，长7.2、宽2.9、高2.95米。墓室西侧北壁有一小耳室，内放有陶器等。墓中出土随葬品有陶方盒1件、陶猪圈1件、陶灶1件、陶仓1件、陶罐4件、瓦当1件、刻铭砖2件、铜钱27枚和铁镜1件。

[1] 洛阳市文物工作队：《洛阳发掘的四座东汉玉衣墓》，《考古与文物》1999年第1期。

[2] 洛阳市文物工作队：《洛阳机车工厂东汉壁画墓》，《文物》1992年第3期。

铁镜（C3M226：13）位于墓室西部，圆形，半球形钮。直径 15 厘米。[1]

30. 1998 年 9 月，在洛阳吉利炼油厂化纤装置车间发掘汉墓 C9M2307，洛阳吉利炼油厂位于洛阳市黄河北岸吉利区，墓葬坐南朝北，方向 0 度。未扰乱。

墓葬为空心砖多室墓，由墓道、墓室、东西侧室和东侧室南北耳室组成。墓道位于墓室北部，未发掘，长度不明，宽 1.30、深 12.30 米。墓室呈长方形，南北进深 3.94、宽 2.10、高 1.60 米。墓室北部东西两侧各有一长方形侧室，西侧室进深 2.40、宽 1.20、高 0.90 米。东侧室进深 4.02 米，宽、高与西侧室相同。东侧室东部南北各有一形状、大小完全相同的耳室。墓葬除耳室外，均用空心砖砌筑，东西侧室为平顶，墓室作梯形顶。随葬品分布于墓中各室，以陶器为主。计陶仓 5 件、罐 28 件、鼎 2 件、壶 4 件、瓶 4 件，铜镜 2 件、钵 1 件、勺 1 件、铃 1 件、钱币若干，铁剑 1 件、刀 1 件、镜 1 件。

铁镜（C9M2307：53）出于西侧室中部，保存较完整。圆形，半球形钮。直径 14 厘米。

31. 2000 年 8 月，在洛阳东明小区发掘汉墓 C5M1342：1，东明小区位于洛阳市东郊唐寺门东部偏北、隋唐洛阳城遗址外东北角处，墓葬坐北朝南，方向 0 度。未扰乱。

墓葬为带墓道的土洞墓。墓道位于墓室南部，呈竖坑长方形，宽 1、深 6.80 米，长度不详。墓室作长方形，平顶，南北进深 7.40、宽 4.20、高 2.20 米。葬具已朽，可能为木棺。随葬品仅有数件，计铁镜 2 件、剑 1 件，铜弩机 1 件，另有铜钱数枚。

铁镜保存较差。圆形，半球形钮。标本残径 21.3、钮径 4.8 厘米。X 光照片显示一圈凸棱和连弧纹。

32. 洛阳偃师区华润电厂东汉墓出土铁镜

偃师区（原偃师县）电厂位于偃师区新庄村西，邙山南麓、洛河之北，南临陇海铁路和 310 国道，位于汉魏洛阳城、偃师商城和二里头遗址之中。2003 年初冬至 2004 年初夏，配合基本建设发掘东汉墓 77 座，其中 M9、M64、M92 和 M135 分别出土铁镜 1 件、3 件、1 件和 2 件共 7 件。[2]

①偃师县华润电厂墓葬 03YHDM9，方向 195 度。已被盗掘。

墓葬形制为砖室墓，由墓道、甬道、墓室和耳室组成。墓道位于甬道南部，长方形斜坡。甬道近方形，砖砌。长 1.18、宽 1.12、高 1.76 米。墓室长方形，砖砌拱形顶，长 6.2、宽 2.34~2.28、高 2.2 米。墓室东壁南部有一耳室，进深 1.36、宽 1.04、高 0.9 米。墓室北部并排两具棺木，呈南北向放置。墓中随葬品仅存 17 件，计陶猪圈 1 件、瓮 1 件、初平罐 3 件、鸡 4 件、狗 2 件，铜钱 14 枚，铁镜 1 件，石贝形饰 4 件。

铁镜出于墓室中部，锈蚀严重。圆形，直径 16.8 厘米。

②偃师县华润电厂墓葬 03YHDM64，方向 187 度。已被盗掘。

[1] 洛阳市文物工作队：《河南洛阳市东汉孝女黄晨、黄芍合葬墓》，《考古》1997 年第 7 期。

[2] 洛阳市文物考古研究院：《偃师华润电厂考古报告》，中州古籍出版社，2012 年。

墓葬形制为多室砖券墓，由墓道、前后甬道、前后墓室和耳室组成。墓道位于前甬道南部，长方斜坡形。前甬道作长方形，长1.9、宽0.94、高1.7米。前室横列长方形，长9.5、宽3.2、高3.1米。后室位于前室北部东侧，前有后甬道相接。前室北部西侧有一长方形耳室。随葬品几被盗空，仅存陶罐2件、三足盆1件，铜钱21枚、饰4件，铁刀1件、镜3件。

铁镜均出于前室西侧中部，圆形，锈蚀严重。标本M64：5，直径15.3厘米；标本M64：6，直径16厘米；标本M64：7，直径20.5厘米。

③偃师县华润电厂墓葬03YHDM92，方向10度。已被盗掘。

墓葬形制为砖铺地的土洞墓，由墓道、甬道、墓室和耳室组成。墓道位于甬道北部，长方斜坡形。甬道作长方形，土洞拱形顶，长1.46、宽1.36~1.43、高1.4米。墓室呈长方形，拱形顶，长6.9、宽3.42、高2.2米。耳室位于墓室东壁北部，拱形顶，外宽内窄，进深2.98，宽1.69、高1.2米。残存的随葬品散落在墓室中部和北部，计有陶壶1件、初平罐1件，铜钱66枚，铁镜1件，玉片和石猪1件。

铁镜（M92）出于墓室中部，锈饰严重。圆形，扁圆钮。直径13、钮径2.5厘米。

④偃师县华润电厂墓葬03YHDM135，方向191度。已被盗掘。

葬形制为砖室墓，由墓道、甬道、墓室和耳室组成。墓道位于甬道南部，长方斜坡形。甬道作长方形，拱形顶。墓室呈长方形，拱形顶，长5.6、宽2.05、高2.36米。土洞耳室位于墓室东壁南部。墓中随葬品12件，计陶罐1件、灶1件、甑1件、耳杯1件、鸡1件、猪圈1件，铜钱33枚、饰1件，铁镜2件。

铁镜出于墓室，均圆形，锈蚀严重。标本M135：9，直径16.8厘米。X光片看为宽缘，有两周弦纹和内连弧纹。标本M135：10，直径13.5厘米。

33.2007年3~5月，在洛阳市北郊310国道和洛常路交叉口东北侧洛阳第二荣康医院新址发掘数座古墓，其中编号为C3M681和C3M687的两座东汉墓各出土1件铁镜。

①C3M681为东汉晚期横列砖券单室墓。墓葬由墓道、甬道和墓室组成，方向190度。墓道平面作长方形，斜坡式。长10.6、宽1、深7.6米。甬道底部用砖铺错缝平铺。墓室呈横列式，东西长7.04、南北宽3.14米。顶部坍塌。墓底及四壁用砖砌筑。墓葬早期被盗扰，残余随葬品7件，计陶案1件、勺1件、罐1件、灯1件，铜弩机1件、铜钱16枚，铁镜1件。

铁镜（C3M681：5）出于墓室东部，圆形，半球形钮，宽缘。直径21厘米。

②C3M687为东汉晚期横列单室土洞墓。由墓道、甬道和墓室组成，方向170度。墓道呈斜坡状，长9.6、宽0.9、深7.6米。甬道北土洞南砖砌。墓室呈圆角横长方形，拱顶。东西长7.24、南北宽2.5、高2.55米。墓被扰乱，残存随葬品有陶器、铜器等20余件套。计陶鼎1件、壶2件、罐5件、案3

件、碗1件、耳杯2件、勺1件、拍1件、瓦当2件，铜弩机6件、戒指1件、环3件、钱币34枚，铁镜1件。

铁镜（C3M687：5）出于墓室东北部，圆形，半球形钮。直径20.8厘米。[1]

34.2009年2月，在洛阳市西工区红山乡发掘一座东汉墓HM1047。墓葬形制为带竖穴墓道小砖铺地的土洞墓，方向265度。

墓葬由墓道、甬道、墓室和南北耳室组成。墓道位于甬道西部，平面为长方形。长2.66、宽1、距地表深4.8米。甬道口小砖封堵，甬道进深0.94、宽1.2、高1.2米。墓室平面作长方形，顶部坍塌。东西长3.5、南北宽1.96、残高1.4米。墓室西部与甬道相接处的南北两侧各有一平面作长方形的耳室，南耳室长2.32、宽0.9、高0.7米，北耳室长2.82、宽1、高0.9米。甬道、墓室和耳室底部用小砖错缝平铺。墓中随葬品较少，均位于耳室中，南耳室仅有一件铁刀，北耳室近口处有银饰2件，北部有仅存铜箍的漆器和铁镜1面。

铁镜（HM1047：4）圆形，半球形钮。直径15厘米。

35.2011年7月，在洛阳市310国道北衡山路东发掘一座被盗扰的东汉墓HM2002。

墓葬形制为带墓道的多室砖室墓，由墓道、甬道、前室、耳室和后室组成，方向95度。墓道位于甬道东部，平面作竖穴土坑长方形，长2.8、宽1、距地表深5.2米。甬道进深1.5、宽1、高1.35米。前室平面呈正方形，长宽各2.2米，顶部坍塌，高度不详。前室南北两壁各有一土洞小耳室。甬道及前室均用小砖错缝铺地、砌墙。后室直接连接前室，小砖封门，为弧顶土洞室。长2.38、宽1.4、高1.5米。墓中残存随葬品有铜釜1件、铜带钩1件、铜钱、银饰、铜镜1件、石圭件、铁灯1件和铁镜1件。

铁镜（HM2002：9）出于后室，圆形，半球形钮。直径17厘米。

36.2022年3月，在洛阳市偃师首阳新区新时代广场发掘一座东汉中晚期墓C18M907。墓葬形制为带墓道的砖券墓，方向186度。

由墓道、前甬道、前室、后甬道、后室组成。墓道为长方形斜坡，两壁较直，底部较平，两侧各有一个台阶。长9、宽1.1、距地表深5.76米。前甬道有两道封门，第一道为砖封门，第二道为石封门，由上坎，下坎，立柱和两扇石门组成。前室平面作长方形砖室，顶部已坍塌，底部有完整铺地砖，横向错缝平铺。前室西部有一台阶，高0.22米，台阶上砖呈东西向，错缝平铺而成，或为棺床。四壁小砖错缝垒砌，券顶为错缝竖向垒砌。前室长3.16、宽6.82、高3米。后甬道为土洞，长1.1、宽1.58、残高1.66米。后室平面作长方形，顶已塌。长3.78、宽2.6、残高2.68米。墓葬盗扰严重，从扰土中清理出随葬品有铜矛1件、陶初平罐3件、陶盆1件、陶圆案1件、陶方案1件、铁镜1件、铜筒形器1件、铜柿蒂花若干、陶鸡1件、陶仓1件、陶盒1件、陶瓮1件、云母片若干、铜环1件，另有残碎的陶片等。

铁镜（C18M907：1）圆形，半球形钮。直径22厘米。

[1] 洛阳市文物工作队：《河南省第二荣康医院新院址工地陶窑和汉唐墓葬发掘简报》，《洛阳考古发现2007》，中州古籍出版社，2010年6月。

37. 1972 年 10~12 月，发掘汉魏洛阳故城南郊辟雍中心大型夯土建筑基址，在其西南部出土东汉铁镜 1 件（72HNBAT25 ②：05）。

镜为圆形，扁圆形钮。因锈蚀严重，镜背纹饰不清，似为柿蒂纹。直径 16.5 厘米。[1]

二、曹魏墓出土铁镜

1. 2009 年 ~2010 年，配合连霍高速改扩建工程的考古工作，发掘三国曹魏大将军曹休墓 ZM44，该墓位于孟津送庄镇三十里铺村村南，为墓道向西的东西向墓。

墓葬东西全长 50.6 米，由墓道、甬道、前室、后室、南侧室、北侧室以及耳室组成。长斜坡墓道位于西部，两壁内收 7 级台阶。东西长 35、南北宽 54~97 米。甬道平面呈长方形，拱券顶，长 3.8、宽 1.25、高 2.1 米。前室平面亦为长方形，拱券顶，长 4.25、宽 3.5、复原高 4.4 米。耳室位于前室东侧、甬道北侧，平面长方形，拱顶。北侧室位于前室北侧，方形，拱顶，长宽各 3.6 米。南双侧室东西并列，平面均长方形，长宽相同，拱顶。后室长 3.55、宽 2、高 2.8 米。曹休墓全部用砖砌筑。墓早期被盗，随葬品多移位，且多为残片。主要有陶器、铜器、铁器、金银器等，可辨口形以及修复器物共 130 余件，计陶碗 13 件、四系罐 5 件、盆 1 件、博山炉 1 件、盘 1 件、灯 1 件、耳杯 1 件，铜印 1 件、带钩 1 件、权 1 件、铺首 6 件、铃 1 件、合页 1 件、五铢 1 枚等，铁削 3 件、镜 1 件、环 1 件、钉 62 件等，金叶 3 件、银帽饰 1 件，黛板 1 件。最重要的遗物是一方铜印，边长 2.4 厘米，篆书白文“曹休”二字。

铁镜（ZM44：30）位于前室与北侧室相接处，仅存一半。圆形，半球形钮。直径 15 厘米。[2]

2. 2015~2016 年，在河南洛阳市寇店镇西朱村南发掘一座曹魏时期魏明帝曹叡幼女曹淑与甄宓早逝的堂孙甄黄合葬墓 M1。

墓葬平面呈铲形，方向 274 度。墓葬土圹全长 52.1、深 11.8 米。斜坡墓道东西长 33.9、宽 9~9.4 米。墓道南北两侧壁各有 7 级水平生土台阶。墓室平面近“凸”字形，东西长 18.2、南北最宽 14.6 米。墓室南、北、东三壁有 6~7 级水平或斜坡状台阶。甬道、前室、过洞和后室由条砖和扇形砖砌筑。前室壁上部残存有壁画，内容有人物、瑞兽、宴饮、祥云等。该墓被盗严重，残存随葬品 400 余件，种类有陶器、铁器、铜器、漆木器和少量玉石器、骨器等，其中刻铭石牌 200 余件。一件石牌上有“七寸、墨涞、画金带梳具一合，金错镜、丹缣衣自副”字样。

铁镜 1 件，残。圆形，半球形钮。错金对鸟纹。[3] 复原直径约 19 厘米。

三、西晋墓出土铁镜

1. 1954年9月，洛阳拖拉机厂宿舍13工区发掘西晋墓C4M7，墓葬位

[1] 中国社会科学院考古研究所：《汉魏洛阳故城南郊礼制建筑遗址》，文物出版社，2010 年。

[2] 洛阳市第二文物工作队：《洛阳孟津大汉冢曹魏贵族墓》，《文物》2011 年 9 期；洛阳市文物考古研究院：《洛阳朱仓东汉陵园遗址》，中州古籍出版社，2014 年 3 月。

[3] 洛阳市文物考古研究院：《河南洛阳市西朱村曹魏墓葬》，《考古》2017 年第 7 期。

于洛阳市涧西区、东周王城遗址西部，坐北朝南，方向北偏东30度。未扰乱。

墓葬为带墓道的洞室墓。墓道位于墓室的南部偏西，呈斜坡长方形，长9.50、宽0.80、深5米。甬道进深1、宽1.06米。墓室作不规则长方形，墓道西侧南壁向北斜收，东壁耳室处南北不在一直线上。墓室东西长4.16、南北宽2.82米，墓顶塌落，高度不详。墓室东壁南部有一耳室，南壁东西长1.30、北壁长0.74、宽1米。墓葬只有甬道用砖砌筑，甬道南端有封门砖。墓中葬有二人，均有棺木。一人葬于耳室，另一人位于墓室西北角，其中葬于西北角者棺木下有砖棺床。二人葬式均为仰身直肢，头向西。随葬品有陶罐5件、瓮1件、灶1件、碗2件、空柱盘3件，铜钱若干，铁刀1件、镜1件、棺钉20枚，另外在墓室中部偏西与墓道对应处有兽骨一堆，甬道南端近贴封门砖直立放有空心砖一块。

铁镜（C4M7：14）出于葬于耳室死者头右侧，圆形，半球形钮。直径11.3、钮径2.2厘米。

2.1954年12月至1955年1月，在洛阳34工区劳改木工厂发掘西晋墓M5，墓葬位于洛阳市北郊、隋唐洛阳城遗址内北部，坐北朝南。已扰乱。

墓葬由墓道、甬道和墓室组成。墓道位于墓室南部，为长方形斜坡墓道，发掘长度3.74、宽0.85米。甬道进深1.74、宽0.85、高1.30米。墓门有两层封门，外层用小砖封筑，内层用两块空心砖当墓门。墓室呈斜方形，南北进深3.20、东西3.16、高2.98米。甬道及墓室墙壁、顶部均用小砖砌筑，甬道顶部为券顶，墓室顶部为弧角方形券顶，墓室用榫形大砖铺地。该墓早期盗扰，仍出土陶器、铁器等40余件。计有陶奁1件、盆1件、多子盒1件、耳杯1件、罐6件、空柱盘3件、盘1件、灯1件、屋1件、甑1件、灶1件、勺1件、米臼1件、磨1件、猪圈1件、井1件、狗1件、鸡1件、犀牛1件、俑3件、釉陶瓶1件、砖础4件，铜弩机1件、铜钱若干，铁镜1件、刀1件等。

铁镜（M5：10）圆形，半球形钮。直径14.2、钮径3.4厘米。

3.1955年1月，洛阳17工区矿山厂宿舍发掘西晋墓M21，墓葬位于洛阳市涧西区、东周王城遗址西部，方向北偏东40度，头向西。未扰乱。

墓葬形制为长方形竖穴土坑墓，由墓室和壁龛组成。墓室呈长方形，东西长2.30、南北宽0.98、深2.1米。墓内有棺木一具，葬式为仰身直肢葬。壁龛位于墓室西壁，距墓底0.30米处向西挖掘，呈平底不规则形，进深0.30米。

随葬品的出土位置，陶器均放在壁龛内，铜钱放在死者胸部至腿部，铁镜则放在棺内东端。计有陶罐2件、碗2件，铜钱45枚，铁刀1件、镜1件和棺钉若干。

铁镜（M21：7）圆形，半球形钮。直径 13、钮径 2.2 厘米。

4.1955 年 4 月，洛阳拖拉机厂发掘西晋墓 M7·9·3，墓葬位于洛阳市涧西区、东周王城遗址西部，方向坐东朝西。已扰乱。

墓葬为带墓道的土洞墓，由墓道和墓室组成。墓道位于墓室西部，呈西窄东部稍宽的长梯形，东西长 2、西部宽 0.54、东部宽 0.87、深 4.30 米。墓室进深 1.25、宽 1.05 米。墓中随葬品仅有陶四系罐 2 件、钵 1 件，铜钱数枚，铁剪 1 件和铁镜 1 件。

铁镜（M7·9：3）圆形，半球形钮。直径 10.7、钮径 1.8 厘米。

5.1955 年 10 月，在洛阳 12 工区拖拉机厂发掘西晋墓 C4M 二 021，墓葬位于洛阳市涧西区、东周王城遗址西部，坐北朝南，方向 7 度。已盗扰。

墓葬为带墓道的砖室墓，由墓道、甬道、墓室和耳室组成。墓道位于墓室南部，呈斜坡长方形，长 20.70、宽 1.69、深 9.50 米。墓道两壁各有阶梯四层，其中地表至第一层为 1.40 米，其余各 1 米。甬道进深 2、宽 1.50 米。墓室呈正方形，长宽各 3.32 米。墓室西壁中部有一耳室，以甬道相接。耳室呈长方形，东西进深 3.75、宽 2.65 米。墓葬顶部塌落，高度不明。墓葬除西耳室为土洞外，甬道和墓室均用砖砌筑，甬道南端有条形砖双层封门，并有两扇石门，石门上铺首衔环浮雕纹饰。墓室底部用小砖作“人”字形铺地，甬道为错缝平铺。由于盗扰严重，墓中葬具已无法确认。随葬品有陶方案 2 件、盘 5 件、耳杯 1 件、罐 7 件、碗 3 件、灯 1 件、人俑 1 件、釉陶罐 1 件、釉陶灯 1 件，铜刀 1 件、带钩 1 件，骨器 1 件、铁镜 1 件。

铁镜（C4M 二 021：2）出于墓室中，圆形，半球形钮。直径 13、钮径 2.8 厘米。

6.1955 年 10 月，在洛阳 16 工区矿山厂发掘西晋墓 M85，墓葬位于洛阳市涧西区、东周王城遗址西部，方向坐北朝南。未扰乱。

墓葬为带墓道的土洞墓，由墓道和墓室组成。墓道位于墓室南部，为长方形斜坡式，长 8.40、宽 0.99 米。墓室呈近正方形，西壁北部向外凸出 0.10 米。南北进深 3.20、东西 3.01 米。墓室中部东西向不甚规则平铺条形砖两排，葬有 2 人，头向西。从墓中出有铁钉看，应有棺木作为葬具。随葬品多放置在墓室东壁处，有陶罐 6 件、瓶 2 件、多子盒 1 件、碗 1 件、釉陶壶 1 件，铜钱若干、刀 1 件、铜镜 1 件，铁镜 1 件。

铁镜（M85：16）出于墓主头部左侧，圆形，半球形钮。直径 11.1、钮径 2 厘米。

7.1955 年 10 月，在洛阳 16 工区矿山厂发掘西晋墓 M89，墓葬位于洛阳市涧西区、东周王城遗址西部，坐东朝西。已盗扰。

墓葬为带墓道的砖砌单室墓，墓道在墓室西部，长 1.9、宽 1.5、深 8.50

米，墓道东侧与墓室相接处有长约1米的砖券，应为甬道。墓室呈正方形，长宽各3.35米。顶部塌落，高度不详。由于墓葬被盗严重，随葬品所剩无几。仅在墓室内扰土中采集有陶碗1件、方盒残片和铁镜1件。

铁镜（M89：2）圆形，半球形钮。直径10.8、钮径2厘米。镜上保存有布的织纹痕迹。

8.1955年10月，洛阳16工区矿山厂发掘西晋墓M90，墓葬位于洛阳市涧西区、东周王城遗址西部，坐东朝西。已盗扰。

墓葬为砖券双室墓，由墓道、前后甬道和前后室组成。墓道位于墓室西部，长13.50、宽1.40米，墓道东端即近前甬道约1米处向外微宽，最宽处1.80米。前甬道进深1.05、宽1米。前室呈近正方形，东西2.70、南北2.74米。后甬道与前甬道相同，进深稍小。后室形制与前室亦相同，东西2.80米。墓葬全部用小砖砌筑，斜“人”字法铺地。墓壁及顶倒塌，砌法、高度不详。墓葬早期被盗，仅前室出土数件随葬品，计陶多子盒1件、俑4件、执盾武士俑1件，铜饰1件，铁镜2件。

2件铁镜均圆形，半球形钮。标本M90：1，出于甬道与前室相接处偏北，保存较完整。直径16、钮径5厘米。标本M90：7，出于前室西南角，直径11.5、钮径2.6厘米。

9.1955年11月，洛阳食品公司仓库（53工区）发掘西晋墓M2，墓葬位于洛阳市北、隋唐洛阳城遗址内北部，坐北朝南。未扰乱。

墓葬为带墓道的土洞墓。墓道位于墓室南部，呈竖穴长方形，长3.10、宽1.20、深4.10米。墓室呈南北长方形，南端稍窄于北端，南北进深2.60、南部宽1.18、北部宽1.36米。墓门用条形砖错缝平砌封堵，葬具为木棺，内葬一人，葬式为仰身直肢，头向南。随葬品有陶罐2件，银镯4件、金花1件，铜弩机1件、花1件、铜钱数枚，铁刀1件、铁镜1件、棺钉数枚。

铁镜（M2：7）出于人头骨左上侧，圆形，半球形钮。直径17、钮径3.7厘米。

10.1957年3月，洛阳16工区矿山厂发掘西晋墓M三007，墓葬位于洛阳市涧西区、东周王城遗址西部，坐北朝南。已扰乱。

墓葬由墓道、甬道、墓室和耳室组成。墓道位于墓室南部，为长方形竖井斜坡墓道，发掘长度10.10米，宽0.96、最深处6.80米。甬道作长方形，南端呈弧形，用砖按弧形封门，有砖铺地。甬道顶部南侧用砖券，北侧为土洞，进深1.66、宽0.96米。墓室呈梯形，北略宽于南，进深3.27、北宽3.20、南宽2.98米。底部用条形砖错缝平铺。墓室西壁前侧有一耳室，呈近正方形，进深2、宽1.78米。墓室东西向横置一具棺木，内葬一人，头向西。随葬品绝大多数为陶器，以耳室出土为多。有陶罐5件、盘2件、碗1件、勺1件、多子盒1件、陶奁1件、博山炉1件、车1件、牛1件、执盾武士俑1件、男俑1件，铜镜1件、钱3枚和铁镜1件，另有铁棺钉数枚。

铁镜（M三007：21）出于棺附近，圆形，半球形钮。直径11.5、钮径2厘米。

11.1957年12月，洛阳16工区矿山厂发掘西晋墓M三009，墓葬位于洛阳市涧西区、东周王城遗址西部，坐北朝南，方向北偏东20度。已扰乱。

墓葬为带墓道的甲字形土洞墓，由墓道、甬道和墓室组成。墓道位于墓室南部，宽1.14米，长度不明。甬道为近方形，南端有条形砖封口。进深1.20米，北部宽1.20、南部宽1.16米。墓室近正方形，进深2.80米，东壁南部略向内收，北部稍宽为2.80、南部稍窄为2.70米。墓室西部墓底用小砖顺缝平铺一层，应为棺床，长几乎与墓室进深相等，宽0.64米。随葬品集中在墓室东部，部分随葬品因淤泥而移位。随葬器物以陶器为主，有陶罐1件、奁1件、多子盒1件、碗2件、井1件、勺1件、灶1件、车1件、猪圈1件、磨1件、牛1件、狗1件、马1件、鸡2件、执盾武俑1件、俑2件，铁镜1件。

铁镜（M三009：9）出于墓内偏东处，保存较完整。圆形，半球形钮。直径14.8、钮径3.3厘米。

12.1966年11月，洛阳拖拉机厂防空洞工地发掘西晋墓M1，墓葬位于洛阳市涧西区、东周王城遗址西部，方向朝东南。已盗扰。

墓葬为砖券双室墓，由墓道、甬道和前后室组成。墓道位于墓室东南部，呈长方形，未清理，长度不详。甬道东南端有两层封门砖，进深1.62、宽1.20、高1.38米。前室近方形，四角作错砖状，进深3.08、宽2.96、高2.80米。后室与前室仅有0.40米的过道，后室作长方形，进深3.20、宽2、高2.06米。墓葬用砖砌筑，墓底用斜“人”字形平铺，四壁叠压错缝纵砌，前室顶部用楔形砖作四角攒顶，后室顶部为拱形券。墓内葬具已不存，随葬品仅在前室残存少许。计有釉陶炉1件、釉陶罐1件，铜耳杯1件、壶1件、罐1件、饰1件，铁刀2件、铁镜2件。另有大量的漆器残片等。

铁镜均圆形，半球形钮。铁镜（M1：6）出于前室近后室处，直径14.5、钮径2.7厘米。铁镜（M1：7）直径17、钮径4厘米。X光照片显示为圆钮座，钮座外或为变形弧方四叶纹，平缘。

13.1969年12月，洛阳矿山厂水压机车间发掘西晋墓M扩2，墓葬位于洛阳市涧西区、东周王城遗址西部，坐北朝南，方向175度。已盗扰。

墓葬由墓道、甬道、墓室和东、西耳室组成。墓道位于墓室南部，未发掘，长度不详。甬道南端有两扇石门，进深2、宽1.50米。墓室平面呈长方形，东西约3.60、南北4.06米。东、西耳室分位于东、西壁中部，东耳室进深1.40、宽1.14米，西耳室进深2、宽0.84米。甬道及墓室四壁用砖砌筑，顶部为土圹。由于墓葬盗扰严重，随葬品零乱不堪。计有陶奁1件、盆1件、人俑 1 件、鸡 2 件、狗 1 件、猪 1 件、车 1 件、牛 1 件、井 1 件、灶 1 件，瓷罐 3 件、壶 3 件、圆奁 2 件、盆 2 件、豆 1 件、盘 2 件、灯 2 件，石球 2 件，铜弩机 1 件、刀 1 件、钱 6 枚，金饰片 8 片、金花形饰 2 件、骨器 1 件，铁刀 1 件、铁镜 1 件。

铁镜（M 扩 2—58：8）保存较完整，圆形，半球形钮。直径 14.3、钮径 2.8 厘米。

14.1970 年 1 月，洛阳 5106 厂（原 344 部队）发掘一座西晋墓 M1，墓葬位于洛阳市西北郊徐空营，坐北朝南。未扰乱。

墓葬为平面呈“甲”字形的土洞墓，由墓道、甬道和墓室组成。墓道位于墓室南部，作长方形斜坡式，长度不详。甬道进深 1.34、宽 0.86 米。墓室呈正方形，穹窿顶，墓壁用铲铲平，再抹一层白灰。墓室长、宽各 3.15 米，高 3.05 米。墓室西部有用砖铺成的棺床，上置一棺，死者头向南。墓中随葬品较少，有陶碗 1 件，铜带钩 1 件、弩机 1 件、钱 1 包，小石器 1 件，铁镜 1 件。

铁镜（M1：4）出于棺床上，仅存半面。圆形，半球形钮。直径 13.1、钮径 3.8 厘米。

15.1972 年 4 月，洛阳原八步校发掘西晋墓 M3，墓葬位于洛阳市涧西区、东周王城遗址西部，坐南朝北。已扰乱。

墓葬为砖券多室墓，由墓道、甬道、主室和三个耳室组成。墓道位于墓室北部，平面为长方形斜坡式，长度不详。甬道进深 0.44、宽 0.40 米。墓室呈正方形，长宽各 2.72 米，高 2.86 米。墓室东侧一条砖砌隔墙分墓室为东西两部分，东室宽 1.02、西室宽 1.60 米。东耳室东半部已被毁坏，长度不明，宽 1.62 米。西耳室进深 2.42、宽 1.06 米。南耳室进深 2.36、宽 1.12 米。整个墓葬用砖砌筑，墓室为砖券四角攒顶，四壁用石灰涂抹。甬道及耳室为拱形券顶，底用砖直缝平铺。墓中共葬 6 人，均有棺木。其中东侧墓室 2 人，头朝南。西墓室 1 人，头也朝南。东、西、南耳室各 1 人，头向分别朝东、西、南向。随葬品各室均有出土，计有陶罐 14 件、碗 2 件、砖础 10 件，铜镜 1 件、钱 1 包，铁器 2 件、铁镜 1 件。

铁镜（M3：9）出于东墓室中部，圆形，半球形钮。直径 12.9、钮径 3 厘米。

16.1973 年 8 月，洛阳轴承厂五吨锤车间发掘西晋墓 C4M2，墓葬位于洛阳市涧西区、东周王城遗址西部，方向坐北朝南。已扰乱。

墓葬由墓道、前甬道、前室和后室组成。墓道位于墓室南部，长方形，长 16 米，分南北两级台阶，第一阶梯即墓道南部，长 11、宽 1.90、深 5.40 米，第二阶梯即第一阶梯到甬道处，长 5、宽 1.40、深 9.40 米。前甬道进深 1.20 米，东西两壁中部向外微凸呈弧形，穹窿顶。甬道与墓门之间有石门两扇，门上有浮雕铺首。前室几呈弧角正方形，室壁向外微凸，东西 3.60、南北 3.40 米。墓顶遭破坏已塌落，残高 3.30 米。从残存砖券弧度看，前室顶部为穹窿顶。

前后室连接处有三重券门，均以条形砖平铺叠砌。后室为长方形土洞，拱形顶。南北进深 3.90、东西宽 2.10、高 1.78 米。甬道和前室均为砖砌。前室北部东西向并排横置棺木两具，南棺长 2.48、宽 0.70、残高 0.50 米，北棺长 0.72、残高 0.46 米。棺木已全部腐朽，仅存漆皮。该墓早期被盗，随葬器物大部扰乱，有的还出于填土中。出于墓中的器物有：前室有陶盘 4 件、耳杯 3 件、碗 2 件、罐 2 件、武士俑 1 件、马俑 1 件，铁镜 1 件，铜泡 3 件、顶针 1 件、铺首 4 件、刀 2 件，料珠 1 包，另有铁镜、棺钉等；后室有陶犀牛 1 件、灶 1 件、多子盒 1 件、井 1 件、俑 4 件及骨器 2 件等。出于填土中的器物有：铜弩机 2 件、泡 15 件、管 3 件、马腿 3 件、环 5 件、铺首 14 件、兽 1 件，金花 1、银花 2 件，陶奁 1 件、罐 1 件、盘 2 件、盆 2 件、碗 2 件、奁 1 件等。

铁镜（C4M2：9）出于前室西北角处，保存较完整。圆形，半球形钮。直径 18.7、钮径 3.9 厘米。X 光片显示为变形弧方四叶纹，主体纹饰或为变形夔凤纹，连弧形缘。

17.1973 年 11 月，洛阳市曙光机械厂发掘西晋墓 M2，墓葬位于洛阳市西北郊徐家营，方向坐西朝东。墓已扰乱。

墓葬为长方形土洞墓，由墓道、甬道和墓室组成。墓道在墓室东部，为长方形斜坡墓道，宽 1~1.20 米。甬道呈正方形，长、宽各 1.20 米。墓室位于墓道西部，平面近正方形，南北长 3、东西宽 2.60 米，墓室顶部塌落，高度不详。墓室西壁南北向并排放置两具棺木，骨架头均南向。从西侧棺内骨灰痕迹看，葬式为仰身直肢。由于墓室内有淤泥和墓顶塌落，随葬物品位置已扰乱。墓中随葬品以陶器为主，放置部位大多在墓室东部。计有陶屋 1 件、井 1 件、灶 1 件、马 1 件、牛 1 件、男俑 1 件、车轮 2 件、牛 1 件、圈 1 件、多子盒 1 件、奁 2 件、扁壶 1 件、磨 1 件、灯 1 件、碓 1 件等，小件随葬品有铜镜 1 件、铁镜 1 件、铜钱 1 包等，出于棺内。

铁镜（M2：1）出于西棺人头骨西南处即西棺西南角，圆形，半球形钮。直径 15.3、钮径 3.5 厘米。

18.1979 年，洛阳机瓦厂门东清理一座被毁坏的西晋墓 M1，机瓦厂位于洛阳市东北郊、隋唐洛阳城北部。

墓葬形制不清。随葬器有陶空柱盘 8 件、罐 2 件、猪圈 1 件、臼 1 件、井 1 件、磨 1 件、灶 1 件、女俑 1 件、武士俑 1 件、碗 1 件，铜镜 2 件、钱数枚，玛瑙珠 50 件、金饰片以及铁镜 1 件、刀 4 件等。

铁镜（M1：1）圆形，半球形钮。直径 18、钮径 5 厘米。X 光片显示有弧形阴影，可能为连弧纹，平缘。

19.1984~1986 年，在洛阳市老城区和西工区发掘汉墓 23 座，其中西晋墓 M24 出土铁镜 1 件。

铁镜（M24：137），圆形，凸钮。从钮边至镜缘，镜背逐渐变薄，形成一坡面。因锈蚀严重，未见纹饰。直径14.2厘米。[1]

20.1987年7月，洛阳炼油厂三联合厂发掘西晋墓C9M287，墓葬位于洛阳市黄河北岸吉利区洛阳炼油厂区，坐北朝南，方向180度，已盗扰。

墓葬为砖券穹窿顶单室墓，由墓道、甬道和墓室组成。墓道位于墓室南部，呈竖井长方形，长8.56、宽0.90、深9.20米。甬道进深1.26、宽0.90、高1.30米。甬道南端有空心砖封门。墓室呈正方形，长宽各3.12、高3.40米。甬道及墓室用砖砌筑，甬道作拱顶，墓室为穹窿顶。随葬品散布于墓室各处，计有陶罐4件、空柱盘3件、多子盒1件、奁1件、井1件、灯1件、猪圈1件、牛1件，铁镜1件。

铁镜（C9M287：11）出于墓室近西壁中部，圆形，半球形钮。直径16.2、钮径3.1厘米。

21.1987年4月，在洛阳市嵩县果酒厂发掘一座西晋中晚期穹窿顶砖室夫妇合葬墓M2，方向184度。

墓葬由墓道、甬道和墓室组成。墓道为长方形竖穴式。甬道口用砖封堵，平面长方形，拱形顶。墓室平面近正方形，穹隆顶，长宽各2.8、高2.9米。甬道和墓室均用砖砌筑。墓室西侧放有两具棺木，各葬一人，性别分别为东男西女。墓中随葬品较为丰富，大致摆放在棺内和墓室东北、东南角。以陶器为主，还有铜器、金银器、铁器等，共50余件（组）。计陶仆俑2件、侍俑2件、马1件、狗1件、牛1件、镇墓兽1件、车1件、多子盒3件、耳杯2件、勺2件、罐4件、盘2件、碗5件、碓1件、磨1件、井1件、灶1件、圈1件、奁1件、灯1件、板1件，铜镜1件、钱199枚，铁镜1件、刀1件、剑2件、棺钉24件，金钮2件，银钗2件、指环4件，石削1件等。

铁镜（M2：1）出土于女性棺内头部，圆形，圆钮，残甚。残径14厘米。[2]

22.1990年6月，在洛阳市郊区苗沟村北发掘一座西晋单室砖券墓C8M868，墓葬保存完整，方向175度。

墓葬由墓道、甬道和墓室组成。墓道位于甬道南部，斜坡状，宽10.2米。甬道有两道砖砌封门，长1.52、宽1.02、高1.3米。墓室平面近正方形，东西长3.12、南北宽3.08米，顶部坍塌，高度不详。甬道及墓室均为小砖砌筑。出土随葬品86件，多位于墓室东部，以陶器为主，还有少量铜器和铁器。计陶四系罐4件、碗2件、樽1件、空柱盘3件、耳杯1件、勺1件、多子盒2件、灶1件、井1件、斗1件、盉1件、仓1件、猪圈1件、鸡1件、狗1件、马1件、牛车1套、俑1件、胡俑1件、1镇墓兽1件、帐座4件、瓦当1件，铁镜1件、铁片1件，铜钱45枚，石器1件等。

铁镜（C8M868：29）出于墓室中部，圆形。锈蚀严重。直径12.5厘米。[3]

23.1992年秋，在洛阳市新安县政府招待所基建工地发掘一座西晋单室

[1] 中国社会科学院考古研究所洛阳唐城队：《1984至1986年洛阳市区汉晋墓发掘简报》，《考古学集刊》7，科学出版社，1991年。

[2] 洛阳市第二文物工作队：《嵩县果酒厂晋墓发掘简报》，《中原文物》2005年第6期。

[3] 洛阳市文物工作队：《洛阳北郊西晋墓》，《文物》1992年第3期。

砖券墓 M27，方向 180 度。

墓葬由墓道、甬道和墓室组成。墓道为长方形斜坡状，甬道作过洞式，墓室平面为方形，四边微外凸，长宽各 3.32 米。墓室四角各有一对转角斗拱，北壁和东壁正中也各有一斗拱，其下部为 5 层砖础，上竖柱，柱顶斗拱为一斗二升。墓葬保存完好，出土陶器、铜器和铁器等随葬品 29 件。计陶罐 4 件、樽 1 件、灶 1 件、井 1 件、碓 1 件、钵 1 件、甑 1 件、磨 1 件、牛车 1 套、圈 1 件、多子盒 2 件、耳杯 1 件、盘 1 件、勺 1 件、狗 1 件、鸡 1 件、武士俑 2 件、文官俑 1 件、镇墓兽 1 件、釉陶罐 1 件，铜灯 1 件、铜钱数枚等，铁镜 1 件等。

铁镜（M27：18）出于墓室西北部，圆形，半球形钮。直径 16 厘米。[1]

24. 1999 年 5 月，在洛阳市春都路西段北侧发掘一座西晋暗券砖室墓 IM1568，方向 180 度。

由墓道、甬道和墓室组成。墓道位于墓室南侧，底部为斜坡状，长 12.1 米。甬道和墓室用小砖错缝垒砌。墓室近方形，长 3.1、宽 3.2、高 3.44 米。墓葬保存完好，大部分随葬品保持原位。随葬品以陶器为主，铁器和铜器少量。计武士俑 1 件、男仆俑 1 件、女仆俑 1 件、镇墓兽 1 件、狗 1 件、鸡 1 件、马 1 件、牛车 1 套、盘 1 件、耳杯 1 件、猪圈 1 套、多子盒 2 件、奁 1 件、井 1 件、灶 1 件、碓 1 件、磨 1 件、四系罐 7 件，铜钱 20 枚，铁镜 1 件，银簪 1 件，另有白粉块 1 块。

铁镜（IM1568：31）出于棺内西端人头部，圆形，直径 11.8 厘米。[2]

25. 洛阳偃师区华润电厂西晋墓出土铁镜

偃师区（原偃师县）电厂位于偃师区新庄村西，邙山南麓、洛河之北，南临陇海铁路和 310 国道，位于汉魏洛阳城、偃师商城和二里头遗址之中。2003 年初冬至 2004 年初夏配合基建发掘西晋墓 28 座，其中 M29、M38 分别出土铁镜 1 面、2 面。

① M29 为带竖穴墓道的土洞墓，方向 275 度。由墓道和墓室组成。墓道平面为长方形，底部稍斜。长 19、宽 0.82 米。墓道与墓室相接处用砖封堵。墓室呈东西长方形，土洞拱顶。东高西低。长 3.1、宽 0.86、高 0.75~1、距地表深 4.35 米。随葬品仅 3 件，位于墓室中部南侧。计陶三系罐 1 件，铁镜 2 件。

铁镜均位于墓室北壁中部，圆形，半球形钮。其中 M29：2 的 X 光片显示为宽缘，有两周弦纹。直径 11.4、钮径 1.5 厘米。标本 M29：3 直径 13.5、钮径 2.4 厘米。

② M38 为带阶梯墓道的双室土洞墓，方向 188 度。由墓道、前后甬道和前后墓室组成。墓道位于甬道南部，长方形斜坡，两侧各有一个阶梯。墓道长 13、宽 1~1.8 米。前甬道为长方形。前室近正方形，长 3.2、宽 3.04~3.18

[1] 洛阳市文物工作队：《河南新安县晋墓发掘简报》，《华夏考古》1998 年第 1 期。

[2] 洛阳市第二文物工作队：《洛阳春都路西晋墓发掘简报》，《文物》2000 年第 10 期。

米，土洞穹隆顶，高 2.7 米。后甬道为砖砌长方形，拱形顶残。后室为长方形，土洞拱形顶。西侧有棺痕、骨痕等。后室长 2.66~2.88、宽 1.55~1.62、高 1.5 米。墓葬早期被盗，仍残存随葬品 50 余件。计陶武士俑 2 件、镇墓兽 1 件、奁 1 件、四系罐 3 件、空柱盘 7 件、多子盒 4 件、仓 1 件、耳杯 1 件、盘 3 件、井 1 件、灶 2 件、磨 2 件、碓 1 件、兽形帐座 1 件、男俑 1 件、女俑 4 件、马 2 件、牛车 1 件、猪圈 2 件、狗 1 件、鸡 2 件、羊 1 件，铜饰 5 件、带钩 1 件、簪 1 件、弩机 1 件、钱币 4 枚，铁镜 1 件。

铁镜（M38：22）出于前室偏中部，残。圆形、半球形钮。直径 15.2、钮径 3.4 厘米。[1]

26.2004 年 12 月，在洛阳市涧西区华山路以东，配合中侨绿城三期工程建设墓葬发掘 2 座西晋墓。其中 CM2349 为带墓道的砖券单室墓，方向 190 度。

由墓道、甬道、耳室和墓室组成。墓道位于墓葬南部，为长方形斜坡底，两人则向内收一个台阶。墓道残长 6.2、口宽 2、底宽 1.4、距地表深 8.4 米。甬道亦作长方形，长 1.12、宽 1.08、残高 1.5 米。墓室平面近正方形，南北长 3.2、东西宽 3.14、残高 1.6 米。墓室南侧有一耳室。甬道、墓室和耳室均为砖券。墓室内偏北处有一棺木，已朽。随葬品近 60 件（套），多放于甬道和耳室内，种类有陶器、瓷器、铜器、铁器等。计陶罐 2 件、双耳罐 2 件、碗 9 件、盘 8 件、奁 2 件、杯 1 件、洗 1 件、灯 2 件、熏炉 1 件、勺 1 件、多子盒 2 件、耳杯 3 件，瓷四系罐 1 件，铜叉形器 1 件、刀 1 件、盂 1 件、洗 1 件、单耳杯 1 件、箍形器 5 件、耳杯 1 件，贴金铜饰 3 件、钱币 78 枚，铁镜 2 件、刀 1 件、剪 1 件、釜炉 1 套，石砚板 2 件、方镇 1 件等。

铁镜 2 件分别出于棺外西南角和近耳室口处，形制相同，大小有别，均锈蚀严重。圆形，半球形钮。大铁镜（CM2349：26），直径 14.9、厚 0.6 厘米；小铁镜（CM2349：19），直径 9.9、厚 0.9 厘米。[2]

27. 洛阳吉利河阳家园西晋墓铁镜

2006 年 10 月，在配合洛阳市吉利区河阳家园住宅区建设过程中，发掘 3 座西晋中晚期墓。其中 C9M2490 和 C9M2492 出土有铁镜。

① C9M2490 为带斜坡墓道的双室墓，方向 278 度。由墓道、甬道、前室、后室组成。墓道位于西侧，长 15、宽 0.9 米。甬道前有石构门楣、门扇、门槛等，进深 1.1、宽 0.9、高 1.2 米。前室平面呈弧方形，东西长 3.12、宽 3.2、穹隆顶高 2.82 米。前室北部有一人骨架。后室位于墓室南壁中部，平面呈长方形，长 2.6、宽 1.2、高 1.2 米。后室有骨架二具。随葬品 50 件，多放于前室，计陶武士俑 1 件、女俑 1 件、男俑 1 件、耳杯 1 件、空柱盘 6 件、多子盒 3 件、镇墓兽 1 件、奁 1 件、盘 1 件、罐 1 件、灶 1 件、井 1 件、磨 1 件、碓 1 件、灯盏 1 件、马 1 件、牛车 1 套、鸡 2 件、狗 1 件、猪圈 1 件、勺 1 件，铜镜 1 件、钱币 125 枚，银钗 2 件、镯 1 件、扣 1 件、顶针 1 件，铁镜 1 件、

[1] 洛阳市文物考古研究院：《偃师华润电厂考古报告》，中州古籍出版社，2012 年。

[2] 洛阳市第二文物工作队：《洛阳华山路西晋墓发掘简报》，《文物》2006 年第 12 期。

刀 1 件，骨尺 1 件，炭精羊 1 件，另有玛瑙珠、琉璃管、蛋壳等。

铁镜（C9M2490：44）位于前室人头骨左侧，圆形，半球形钮。直径 18.4、缘厚 0.4 厘米。

② C9M2492 为带斜坡墓道的土洞墓，方向 282 度，由墓道、甬道、墓室和耳室组成。墓道位于西侧，平面为长方形，长 12、宽 0.9 米。甬道前有石构封门，石门上饰减地铺首和狩猎纹，进深 0.9、宽 0.84、高 1.2 米。墓室平面呈正方形，长宽各 2.94、残高 1.22 米。墓室中央有一人骨架，有棺痕。耳室位于墓室西南角，作长方形，内放一牛车。墓中随葬品 39 件，计陶武士俑 1 件、镇墓兽 1 件、俑 1 件、空柱盘 3 件、三系罐 3 件、多子盒 1 件、盘 2 件、博山炉 1 件、奁 1 件、灯 1 件、熨斗 1 件、勺 1 件、耳杯 1 件、碗 1 件、磨 1 件、鸡 1 件、狗 1 件、牛车 1 套、猪圈 1 件，铜镜 1 件、钱币 71，银镯 1 件、环 1 件、钗 2 件，铁镜 1 件、刀 1 件等。

铁镜（C9M2492：1）位于人骨头顶处，圆形，半球形钮。直径 16、缘厚 0.3 厘米。[1]

28. 2006 年 8 月，在洛阳市洛南新区厚载门街东侧，发掘 3 座西晋墓，其中 CM3034 出土有铁镜。

CM3034 为带斜坡墓道的穹窿顶土洞墓，方向 190 度。由墓道、甬道和墓室组成。墓道长 12、宽 1、距地表深 8.6 米。甬道用长方形砖封门，进深 1.65、宽 1.24、高 1.4 米。墓室平面为正方形，长宽各 2.8、高 2.2 米。随葬品有陶多子盒 1 件、灯盏（原简报为碗）3 件、杯 1 件、帐座 4 件、空柱盘 1 件，石砚板 2 件，铜钱 32 枚，铁镜 1 件。

铁镜（C7M3034：13），锈蚀严重。圆形，半球形钮。直径 5、厚 2 厘米。[2]

29. 2009 年 4 月至 2010 年 4 月，在洛阳市孟津区平乐镇朱仓村发掘一批西晋墓。其中编号 09LHZM19 为东西向的长方形竖穴土坑墓，墓长 2.3、宽 1~1.1、距地表深 2.2 米。随葬品 7 件，计青瓷碗 2 件、四系罐 1 件，铜环 1 件、熨斗 1 件和铁镜 1 件。

铁镜（M19：4）出于墓室东南部，锈蚀。圆形，半球形钮。直径 12.4 厘米。[3]

30. 2009 年 7~9 月，在洛阳市孟津县送庄乡三十里铺村西南发掘一处西晋围沟墓 M57。该墓为带长斜坡墓道的砖券双室墓，方向 191 度。

墓葬由墓道、过洞、天井、甬道、前室和后室组成。墓道长 6.54、宽 0.75~0.85 米。墓道北端为过洞，长 3.7 米。接着为天井，长 1.9、宽 1.2 米。甬道长 1.42、宽 0.94、高 1.4 米。墓室平面近方形，东西长 2.9、南北宽 2.78 米，穹隆顶已坍塌。后室位于前室北壁中间，进深 2.5、宽 0.95、残存高度 1.3 米。墓葬甬道、前室和后室均用小砖砌筑。墓葬早期被盗扰，随葬品残存有陶盘 1 件、耳杯 1 件、案 1 件、多子盒 1 件、车轮 2 件、狗 2 件，铁镜 1 件、钉若干，铜钱 2 枚。

[1] 洛阳市文物工作队：《洛阳吉利区西晋墓发掘简报》，《文物》2010 年第 8 期。

[2] 洛阳市文物工作队：《洛阳厚载门街西晋墓发掘简报》，《文物》2009 年第 11 期。

[3] 洛阳市文物考古研究院：《洛阳东汉朱仓陵园遗址》，中州古籍出版社，2014 年。

铁镜（M57：3）出于墓室中部偏北处，仅存大半，圆形，半球形钮。直径 12 厘米。[1]

31.2021 年 6 月，在洛阳市偃师区太和路北侧、广阳路东侧发掘一座西晋墓 C18M837。墓葬为带墓道的土洞墓，方向 185 度。

墓葬由墓道和墓室组成。墓道为长方形斜坡，坡度为 58 度，长 2.36、宽 0.80 米。封门砖位于墓道与甬道衔接处。墓室为长方形土洞墓，顶部已坍塌，四壁较直，长 2.6、宽 0.90、残高 1.56 米。墓室北部发现一棺床，长 2.0、宽 0.50~0.40、高 0.08 米。随葬品有红陶罐 1 件、四系罐 4 件，银饰 1 件、环 3 件，铁镜 1 件等。

铁镜（C18M837：）出于墓室中部，仅存一半。圆形，半球形钮。直径 12.5 厘米。

四、北魏墓出土铁镜

1.1987 年 8 月，洛阳炼油厂发掘北魏正光五年（524）辅国将军、博陵太守吕达墓 C9M315，墓葬位于洛阳市黄河北岸吉利区洛阳炼油厂区，坐北朝南，方向 180 度。已盗扰。

墓葬为单室砖券墓，由墓道、甬道和墓室组成。墓道位于墓室南部，总长 17.20 米。墓道分为两部分，南部呈竖井斜坡式，长 13.30、宽 1.20 米。北部作土洞式，长 3.90、宽 1.80、高 3.30 米。甬道南北进深 4、宽 1.50、高 2 米。墓室平面呈弧方形，四壁中部向外微凸。东西 5.32、南北 4.90、残高 3.60 米。甬道及墓室用砖砌筑，平砖铺地，甬道为拱形券顶，墓室为穹窿顶，顶已塌落。葬具、葬式不明。随葬品以陶器为主，另有铜器、铁器等，集中放置于墓室东壁处。计有陶人俑 23 件、镇墓兽 1 件、鸡 1 件、狗 1 件、瓶 1 件、盒 4 件、杯 4 件、灯 3 件、磨 1 件，瓷盂 2 件，石砚 1 件，铜盆 1 件、盘 1 件、瓶 1 件，金戒指 1 件，铁镜 2 件（一件已残碎），墓志 1 合。

铁镜（C9M315：57-1~2）一件出于棺床上，一件出于棺床边。较完整的一件作圆形，半球形钮。器形保存完整，锈蚀相对较轻。镜背锈蚀局部有起层现象，镜面锈蚀层大部脱落。经 X 光照，镜背纹饰为四蒂形钮座，主体纹饰似为简化夔凤纹，外侧饰内连弧纹，宽平缘。直径 21、钮径 4.6 厘米。[2]

2.2007 年 2 月，洛阳市文物工作者在孟津区吉利济涧村清理了一座北魏时期的墓葬 M2305。方向 180 度。

墓葬由墓道，甬道，墓室组成，墓道位于墓室南面略偏东，斜坡状竖穴，南端距地表约 0.8 米，北端距地表 6.2 米，近底略平，两壁平直，平面南窄北宽，略呈梯形，南宽 0.85，北宽 1.15 米，口长 12 米，填土为五花土。墓道封门砖有两重，第一重封门位于墓道内，用小砖错缝叠砌，共 21 层，平面呈弧形。第二重封门位于墓道与甬道交接处，为空心砖和小砖横砌，共 10 层。甬道位

[1] 洛阳市第二文物工作队：《洛阳孟津大汉冢西晋围沟墓发掘简报》，《文物》2011 年第 9 期。

[2] 洛阳市文物工作队：《河南洛阳市吉利区两座北魏墓的发掘》，《考古》2011 年第 9 期。

于墓道北侧，平面呈长方形，平顶土洞。墓室为长方形土洞式，长和宽分别为 3.3 和 2.7 米。墓顶在生土上雕出仿木木结构的屋内顶形状，即呈“人”字形两面坡，中有梁柱贯通东西两壁，通高 2.1 米。南、北壁有椽柱承载“人”字形拱顶，“人”字形拱南北各有 10 根。东壁也以土雕出“人”字形叉手。墓中随葬品共有 11 件，有陶双系罐 1 件、盘 1 件，瓷碗 1 件、双系小罐 1 件，铜锼 1 件、镜 1 件、钗 1 件、环 2 件、钱 5 枚和铁镜 1 件等。

铁镜（M2305：7）出于墓室东南角，锈蚀严重。圆形，半球形钮。直径 14.1 厘米。[1]

3. 2009 年 3~8 月，在洛阳市孟津区平乐镇朱仓村发掘一批北魏墓。其中朱仓村西 M69 出土一面铁镜，残。铁镜圆形，乳丁状钮。直径 15.6 厘米。[2]

五、唐宋墓和唐宋遗址出土铁镜

1. 1952 年，在洛阳金家沟西南邙山南麓发掘一座初唐时期带墓道的土洞墓 M8，方向 184 度。

该墓由墓道、过洞、天井和墓室组成。墓道位于甬道南侧，平面作长条形，长 8.55、宽 1.05 米。天井长 0.6、宽 0.5 米。甬道长 1.85、宽 1.05 米。墓室用砖坯封堵。墓室平面作不规侧五边形，东西长 2.47、南北宽 2.02、距地表深 5.36 米。墓葬保存完整，随葬品保持原来位置。共清理出土陶质及铜、铁质随葬品 50 余套，计有陶女俑 5 件、文服俑 3 件、套衣俑 5 件、仆俑 4 件、胡俑 2 件、武士俑 2 件、牛车 1 件、马 1 件、骆驼 1 件、狗 1 件、羊 1 件、猪 2 件、鸡 2 件、鸭 2 件、井 1 件、仓 1 件、灶 1 件、罐 1 件，铜钱 2 枚，铁镜 1 件、剪 1 件、方板 1 件，另有漆匣 1 件。墓主人头部左右放置有漆匣、铁镜、铁板、开元通宝、铁剪。

铁镜（M8：47），圆钮平缘，锈蚀严重。直径 16.5、厚 0.45 厘米。[3]

2. 1955 年 5 月，洛阳 12 工区拖拉机厂发掘唐代墓葬 M5·8·7，墓葬位于洛阳市涧西区、东周王城遗址西部，头向南。未扰乱。

墓葬为长方梯形砖室墓，长 2.40、墓室南部宽 0.65、北部宽 0.53 米。顶部用砖封堵。随葬品有陶壶 1 件、铁镰 1 件、铁镜 1 件，蚌壳 1 件。

铁镜（M5·8·7：4）出于人头骨下泥土中，圆形，半球形钮。直径 12.5、钮径 2.9 厘米。X 光片显示为圆钮座，平素缘。缘内侧为连弧纹，主区多弧线纹。

3. 1955 年 9 月，洛阳 16 工区矿山厂发掘唐墓 M64，墓葬位于洛阳市涧西区、东周王城遗址西部，坐北朝南，方向南偏西 5 度。未扰乱。

墓葬为带墓道土洞墓，墓道位于墓室南部，呈长方形斜坡阶梯状，长 4.80、宽 0.90、深 4 米。墓室为长方形土洞，南部较北部稍宽，进深 2.64、南部宽 1.40、北部宽 1 米。从墓内有铁钉看，应有棺木。墓中葬一人，头向南。随葬品均放在死者头部，有陶罐 1 件，瓷碗 1 件，铁剪 1 件、铁镜 1 件，铜钱

[1] 洛阳市文物考古研究院：《洛阳吉利济涧北魏墓发掘简报》，《文物》2015 年第 4 期。

[2] 洛阳市文物考古研究院：《洛阳东汉朱仓陵园遗址》，中州古籍出版社，2014 年。

[3] 郭宝钧、林寿晋：《一九五二年秋季洛阳东郊发掘报告》，《考古学报》第 9 册，1955 年。

若干、铜饰1件。

铁镜（M64：3）出于人头顶部，圆形，半球形钮。直径16.2、钮径3.2厘米。

4.1955年11月，洛阳16工区矿山厂发掘唐墓M93，墓葬位于洛阳市涧西区、东周王城遗址西部，方向坐北朝南，南偏西10度。未扰乱。

墓葬为带墓道的土洞墓。墓道在墓室南部，呈长方形竖井式，长2.14、南部宽0.80、北部近墓室处宽1.04、深4.10米。墓室呈长方形，南北进深2.30、东西宽1.80米。墓室南北向并排放有两具棺木，棺内各葬一人，性别为东男西女，头向均朝北。随葬品仅10件，多放在墓室东壁南、北两端。有陶人俑2件、罐1件、壶1件、磨1件、猪1件、鸭1件、羊2件，铁镜1件。

铁镜（M93：11）出于西棺内人头左侧，圆形，半球形钮。直径18.5、钮径2.9厘米。

5.1956年5月，洛阳北郊劳改砖瓦厂发掘唐墓M132，劳改砖瓦厂位于洛阳市老城区北部、隋唐洛阳城遗址北部偏东，坐北朝南，未扰乱。

墓葬为带墓道的土洞墓，墓道位于墓室南部，作长方形竖井式，清理长度1.80、宽0.90、深2.50米。墓室呈方形，东壁晚期被破坏，东西残长2.05、南北进深1.60米。墓中葬有一人，头向西，葬式为仰身直肢，无葬具。随葬品均放在头部附近，有陶罐2件，铁剪1件、铁镜1件，铜钱1枚、卡1件。

铁镜（M132：3）出于人头骨右侧，圆形，半球形钮。直径19.6、钮径4厘米。

6.1965年8月，洛阳予〇一（501工区）发掘唐代墓葬M5，墓葬位于洛阳市南郊关林镇、隋唐洛阳城遗址南部，未扰乱。

墓葬由墓道和墓室组成，墓道作长方形竖井式，墓室为长方形土圹洞室，墓道与墓室相接平面呈刀形。随葬品仅三件，陶罐1件，铁镰1件、铁镜1件。

铁镜（M5：2）呈圆形，半球形钮。直径19.3、钮径2.8厘米。

7.1966年2月，洛阳602工区钢铁厂发掘唐墓M92，墓葬位于洛阳市南郊关林镇、隋唐洛阳城遗址南，坐北朝南。已扰乱。

墓葬为带墓道的土洞墓，墓道位于墓室南部，长方形竖井式，长2.80、宽0.90、深2.80米。墓室呈南北长的长方形，南北进深2.50、东西1.35米。随葬品均集中放在墓室北部，有陶罐1件，瓷罐1件，铜簪1件，玛瑙珠2件，铁镜1件。

铁镜（M92：6）圆形，半球形钮。直径5.8厘米。

8.1974年11月，洛阳东郊电讯器材厂食堂工地发掘唐墓C5M3，墓葬位于洛阳市东北郊、隋唐洛阳城遗址东北部，方向352度。未扰乱。

墓葬为带墓道的土圹洞室墓。墓道位于墓室南部，呈斜坡长方形，长5.30、宽0.92、深4.80米。墓室作长方形，拱形顶，与墓道相连平面呈刀形，进深2.65、宽2.26、高1.80米。墓室西侧有一木棺，内葬一人，头向北，葬式为仰身直肢。随葬品仅有6件，计玛瑙珠1件，铁镜1件，铜钱2枚，釉陶罐2件。玛瑙珠出于人口中，双手各握一铜钱。

铁镜（C5M3：2）出于人左肩处，圆形，半球形钮。直径15.2、钮径2.8厘米。

9.1981年12月，洛阳南郊供电局南流变电站发掘唐墓C7M19，墓葬位于洛阳市西南、隋唐洛阳城遗址西南部，方向北向偏东10度。未扰乱。

墓葬为带墓道的土圹洞室墓。墓道位于墓室南部，呈斜坡长方形，残长1.50、宽0.84、深6米。墓室作窄长梯形土圹洞室，南宽北窄，平顶南高北低。墓室长2.50、南部宽0.84、北部宽0.50米。墓室中葬有一人，头向南，面东。随葬品有铁剪1件、铁镜1件，陶罐2件、黄釉陶罐2件。

铁镜（C7M19：1）出于人头骨东侧，圆形，半球形钮。直径16.7、钮径3.1厘米。

10.1983年，中国社会科学院考古研究所在河南省偃师县杏园村发掘一批唐代墓葬，其中M0001墓为盛唐时期的铲形葬，墓中出土有三彩子母盘、陶罐、瓷罐、铁镜、铁剪、开元通宝铜钱和蚌壳等随葬品。

铁镜（M0001：8）为圆形，半球形钮。锈蚀严重。直径约15厘米。[1]

11.1990年春季，偃师县沟口头砖厂发掘初唐土洞墓M1，方向193度。

墓葬由墓道、甬道、壁龛和墓室组成。墓道平面为长方形，底为斜坡式，长9.7、宽0.9米。甬道与墓道相接处用土坯封堵，甬道为土洞式，拱顶，两侧各有一壁龛。东龛呈长方形，进深较浅。西龛平面为向南折拐形。墓室略呈梯形，南窄北宽，南北长2.84、北宽2.42、南宽2.6、高1.3米。墓室西侧有砖铺棺床。随葬器物分别放置于甬道内东西两龛和墓室之内，部分器物漂浮移位。共清理随葬品64件，计陶镇墓兽2件、武士俑2件、文官俑2件、胡俑1件、辫发俑1件、男俑22件、女俑8件、男女骑马俑6件、马2件、骆驼2件、牛2件、猪2件、鸭1件、井1件、罐1件，铁剪1件、铁镜1件，另有蚌盒等。

铁镜（M1：40）出于东壁龛内，圆形，半球形钮，锈蚀严重，边缘已残。直径10.8厘米。[2]

12.1991年，在偃师县南蔡庄乡寨后村砖厂发掘初唐土洞墓91YNZCM1，方向180度。

墓葬平面为“刀”形，由墓道、甬道和墓室组成。墓道长4、宽1米。甬道为过洞式，顶部已不存。长1.4、宽1米。墓室偏向西侧，东壁与墓道在一条直线上。东西1.8、南北2米。随葬品20余件，均放于墓室东部，计陶镇墓兽1件、武士俑1件、男侍俑4件、女侍俑2件、鸡1件、鸭1件、猪1件、狗1件、羊1件、井1件、灶1件、磨1件、仓1件、碓1件、罐2件、盏1件，铁剪1件、铁镜1件。

铁镜（M1：22）位于墓室东侧南端，圆形，锈蚀严重。直径17.8厘米。[3]

[1] 中国社会科学院考古研究所：《偃师杏园村唐墓》，科学出版社，2001年10月。

[2] 偃师商城博物馆：《偃师县沟口头砖厂唐墓发掘》，《考古与文物》1999年第5期。

[3] 偃师商城博物馆：《河南偃师唐墓发掘报告》，《华夏考古》1995年第1期。

13. 2002年11月至2004年1月，洛阳市文物工作队在洛阳市关林镇发掘61座唐墓葬，其中两座初唐墓C1M1267、C1M1269和一座盛唐墓C1M1289中各出土1件铁镜。

① C1M1267为平面近靴形的土洞墓，由墓道和墓室组成，即墓道位于长方形墓室南壁偏西侧。方向180度。墓道作斜坡状，长5、宽0.8米，墓门为拱形顶，墓室东西长2.25、南北宽1.8、高1.70米。墓室北部有高0.20、宽1.1米的生土棺床，棺床上置棺木一具，内有人骨架两具，北部为女性，头部放有铁剪、铜钗，盆骨处放一银戒指。南部骨架较凌乱，头部放一件铁镜。墓室南部随葬品有陶瓷器30余件。计陶镇墓兽2件、武士俑2件、男女侍俑18件、马1件、羊1件、猪1件、灶1件、磨1件、罐1件、碓1件、磨1件，瓷罐2件，铜钗1件，银戒指1件，铁镜1件等。

铁镜（C1M1267：35）圆形，半球形钮。直径12.2厘米。

② C1M1269墓形为近铲形土洞墓，方向180度。竖井斜坡墓道，呈不规则阶梯状。墓室平面呈长方形，长2.6、宽2.1、高1.85米。墓室北侧放置一棺，棺内一人，头向西。墓中随葬品30余件，计陶镇墓兽1件、武士俑1件、文官俑1件、侍俑14件、罐1件、盆1件、碓1件、灶1件、猪1件、鸭2件、鸡2件，铁镜1件。

铁镜（C1M1269：28）出于棺外西侧，圆形。

③ C1M1289为斜坡墓道铲形土洞墓，方向180度。长方形墓道，底部前斜坡后平底。长6、宽0.8米。墓室穹隆顶，长2.3、宽2.6、高1.7、距地表深6.2米。墓中有棺葬一人。随葬品20余件均放于棺南部，多为陶器。随葬品有陶罐2件、瓶1件、灶1件、镇墓兽2件、武士俑1件、侍俑9件、胡俑1件、马1件、骆驼1件、猪1件、鸡1件，铁镜1件。

铁镜（C1M1289：2）出于棺内头顶右侧，圆形。[1]

14. 在隋唐洛阳城遗址东城中部偏东处发掘的一座唐代烧窑的窑室内出土一件铁镜DT11③Y3：35，锈蚀严重。圆形，背面有半球形钮。直径14.8厘米。[2]

15. 1966年3月，洛阳钢厂发掘一座宋墓M197，墓葬位于洛阳市南郊、隋唐洛阳城遗址南部，坐北朝南，已扰乱。此墓为土洞墓，墓道位于墓室南侧偏东，为长方形斜坡墓道。长2.7、宽0.9、深1.8米。墓室进深2、宽1.4、高1.4米。随葬品仅铜钗1件，铁镜1件。

铁镜（M197：1）圆形，半球形钮。直径12.2、钮径2.5厘米。

16. 宋代衙署区出土2件宋代铁镜，均圆形，背有半球形钮。铁镜（DT167②：16），锈蚀较甚。直径16厘米。

铁镜（HT103②：1），直径23厘米。[3]

17. 该铁镜为1955年10月洛阳市市政工程施工时，民工挖土时带出，后被文物部门收藏。其时代、墓葬形制、同出随葬品及放置位置均无法确定。

铁镜圆形，半球形钮。直径14.2厘米。

[1] 洛阳市文物工作队：《洛阳关林镇唐墓发掘报告》，《考古学报》2008年第4期。

[2] 中国社会科学院考古研究所：《隋唐洛阳城1959~2001年考古发掘报告》，文物出版社，2014年。

[3] 中国社会科学院考古研究所：《隋唐洛阳城1959~2001年考古发掘报告》，文物出版社，2014年。

上述洛阳出土的古代铁镜共128件，是目前所见报导中出土铁镜最多的地区。其时代跨度较大，从东汉到宋代，几乎包含了中国古代北方所见铁镜的各个历史阶段。前述铁镜中，汉镜所占比例最大，共65件，西晋镜次之37件，曹魏2件、北魏4件、唐代16件、宋代3件，时代不明1件。东汉、西晋铁镜出土数量多，应与洛阳作为国都的地位有关。从考古发掘保存较完整的墓葬看，铁镜在墓中的位置与铜镜相同，多在棺内或棺外附近，也有距棺木较远的。多数铁镜出土时表面有织物痕迹，可能原来放在织物袋中，或用织物包裹；也有的出土时与漆痕、漆器饰物一起，应是装在漆奁内的。

洛阳出土的汉代铁镜，以东汉为多，其中东汉中晚期墓出土铁镜的现象较为常见。如出土8件铁镜的洛阳烧沟汉墓的墓葬形制分期为第五型第六期，其中M1037是汉灵帝建宁三年即公元170年墓葬。可知烧沟汉墓所出铁镜的年代应在东汉桓帝、灵帝前后。出土铁镜所属墓葬有土洞墓，也有砖券墓，大多数汉代铁镜所属墓葬为单室或多室砖券墓。墓葬级别相差很大，有地表有封土、随葬品有玉衣的王侯、长公主一类的高级别、高规格东汉墓，如洛阳机车厂C5M465东汉晚期墓，墓地表有高近7米的高大封土，墓葬虽然早期被盗，但仍出土了一批珍贵的随葬品，如鎏金铜羽人、鎏金铜缕玉衣、“吉羊宜一王”铜盘以及错金云气纹铁镜等。也有墓形简单、随葬品很少的小型东汉墓。低级别汉墓如洛阳东明小区C5M1342汉代土洞墓，墓葬形制简单，随葬品也非常少，仅数件而已。

发现的曹魏时期的2件铁镜均出土于高等级墓葬中，一座为三国曹魏大将军曹休墓，另一座为魏明帝曹叡幼女曹淑与甄宓早逝的堂孙甄黄合葬墓M1。后者所出为错金银对鸟铁镜。

晋代铁镜出土数量仅次于汉代铁镜，且均出于中小型墓中。其中中型墓为双墓室砖券墓，如洛阳轴承厂五吨锤车间墓C4M2，由墓道、前甬道、前室和后室组成。小型墓则多数为单室砖券墓或土洞墓。

北魏铁镜目前仅发现4件，其中吉利北魏辅国将军吕达墓出土2件。

唐代铁镜从早期墓到晚期墓中均有出土，以中小型墓葬为多。唐代烧窑遗址出土的铁镜，应为窑工所用，其身份较低。

见于报导的宋代铁镜仅3件，虽然2件出于宋代衙署遗址范围内，但使用者的身份无法确定。

这些铁镜的形制均为圆形，半球形钮。东汉铁镜镜钮较大且顶部较平，与同时期铜镜的特点相一致，唐代铜镜中常见的葵形、菱形、弧角方形和“亞”字形等形式，目前在唐代铁镜中尚未见到。

铁镜出土时均锈蚀严重，有些已成碎片，或被泥土包裹，裸眼观察几乎无法得知有无纹饰，极个别的可看出宽缘特征。通过X光拍照，可以显示出部分铁镜是有纹饰的，且纹饰特征与同时期铜镜的纹饰特征相一致。从表面观察和X光照片可知，铁镜的制作工艺有两种，即铸造和镶嵌。铸造即是用刻有纹饰的镜模铸造而成，因镜背纹饰凸起使镜的厚薄不同而在X光片上纹饰呈黑色的深浅不同，有纹饰的部位厚度较厚，故呈色较深；镶嵌纹饰即通常所谓错金纹饰，因X光对金质与铁质的感应力不同，错金纹饰在X光片上呈白色。从前述X光片看，汉代铁镜的纹饰既有铸造而成，也有镶嵌而成的，并以铸纹为多。如巩县—石家庄铁路复线发掘东汉墓417工区M11铁镜（M11：1），X光片显示纹饰为铸成，圆钮座，以钮为中心向外饰变形弧方形座四叶，主体纹饰或为对鸟纹，连弧纹缘。洛阳401工区铁站线（建校水沟转弯处）汉墓M151铁镜（M151：1），X光片显示镜背有两道宽带，宽缘。洛阳燃化李屯实验楼百货楼发掘东汉元嘉二年（152）墓C7M1铁镜（C7M1：37），X光片显示可能为弧方形钮座，连弧纹缘，内区有曲线形纹，或为变形夔凤纹。洛阳拖拉机厂40分厂东汉光和二年（179）墓M1，其中一件X光片显示为圆钮座，变形弧方四叶纹，主体纹饰或为变形夔凤纹，连弧缘。洛阳市郊区变电站东汉墓C5M31铁镜（C5M31：6），X光片显示为弧方形钮座。洛阳东明小区汉墓C5M1342铁镜（C5M1342：1），X光照片显示一圈凸棱和连弧纹。洛阳偃师华润电厂03YHDM135墓葬出土的铁镜（M135：9），X光片为宽缘，有两周弦纹和内连弧纹。以上几件铁镜纹饰均为铸造而成，其纹饰有的简单，也有复杂的，表明铁镜是可以铸造出复杂纹饰的。洛阳机车工厂生活间东汉墓C5M195，其中一件铁镜X光片显示为错金纹镜，钮座为外侧为锯齿纹的圆钮座，弧方四叶纹，主体纹饰为四组对凤纹，镜缘饰云气纹。四叶纹间有篆书“长宜子孙”四字。洛阳机车工厂东汉晚期墓C5M346，所出铁镜（C5M346：1）X光照片为错金纹镜，此镜为蝙蝠形四叶纹钮座，间饰四字篆书铭文“长宜子孙”，外饰内连弧纹一周，缘较宽，上饰云气纹。洛阳市史家湾轨道产业园C3M1930墓葬出土的铁镜（C3M1930：19），从镜背露出的金丝看，应是错金纹铁镜。这几件错金纹铁镜的纹饰均较为繁缛，与铸纹铁镜的区别十分明显。洛阳曹魏时期的铁镜仅出土两件，其中寇店镇西朱村南曹魏时期魏明帝曹叡幼女曹淑与甄宓堂孙甄黄合葬M1出土铁镜纹饰为错金对鸟纹。洛阳拖拉机厂防空洞工地西晋墓M1铁镜，X光照片显示为圆钮座，钮座外或为变形弧方四叶纹，平缘。洛阳轴承厂五吨锤车间西晋墓C4M2铁镜（C4M2：9），X光片显示为变形弧方四叶纹，主体纹饰或为变形夔凤纹，连弧形缘。洛阳机瓦厂门东清理一座被毁坏的西晋墓M1，铁镜（M1：1）X光片显示有弧形阴影，可能为连弧纹，平缘。偃师区华润电厂西晋墓M29，出土铁镜（M29：2）的X光片显示为宽缘，有两周弦纹。洛阳炼油厂北魏正光五年（524）辅国将军、博陵太守吕达墓C9M315，铁镜（C9M315：57－1～2）经X光照，镜背纹饰为四蒂形钮座，主体纹饰似为简化夔凤纹，外侧饰内连弧纹，宽平缘。洛阳拖拉机厂12工区唐代墓葬M5•8•7，铁镜（M5•8•7：4）X光片显示为圆钮座，平素缘。缘内侧为连弧纹，主区多弧线纹。汉魏两晋等时期铁镜纹饰的种类与同时期的铜镜纹饰、文字相同，如前所述有内连弧纹、云气纹、变形夔纹以及四蒂纹钮座、“长宜子孙”字样等，都是汉晋铜镜中常见的纹饰。一件唐代铁镜上的弧线段，应是仿汉晋时期连弧纹铜镜的纹饰。这种仿早期纹饰的唐代铜镜，在中原地区的唐墓中并不少见。

考古发现和研究表明墓中随葬铁镜和墓中随葬铜镜一样，与墓葬规格、墓主身份没有直接关系。但特殊工艺的铁镜如错金纹饰铁镜即出土于大型墓葬或官吏墓葬，也出于一般规格的墓葬。如洛阳机车厂C5M465大型东汉墓所出错金云气纹铁镜、洛阳西朱村魏明帝曹叡幼女曹淑与甄宓早逝的堂孙甄黄合葬墓M1所出错金银对鸟纹铁镜，也有墓葬规模较、小规格较低的小型墓，如洛阳机车工厂生活车间东汉墓C5M195，铁镜X光片显示为错金纹饰等。目前考古所见特殊工艺错金铁镜数量很少，除洛阳发现的这几件外，其他地区也有零星发现，时代以东汉为主。1969年河北省定县东汉熹平三年（174）中山穆王刘畅夫妻合葬墓出土铁镜19面，其中出于夫人棺内的一件为金银错铁镜。[1]1969年，甘肃省武威雷台发掘一座东汉晚期墓，墓中出土一面铁镜。该镜直径21厘米，为错金银变形四叶八凤纹，四叶间错有“永保长寿”四个篆书铭文。该墓形制较大、级别高，为带封土和墓道的多室砖券墓。研究者据其墓中随葬的多枚龟钮银印及墓制等方面推测，墓主人应是秩比二千石的将军夫妇合葬墓。[2]1991年，河南省南阳东郊发掘一座东汉晚期墓M10，墓中出土一件鎏金、错金变形四叶卷草纹铁镜。该墓形制较小，平面作“甲”字形，墓室长3.05、宽3.1米，墓道残长3.1、宽1.6米。墓主身份应该不高。[3]2010年12月15日，在曹操高陵后室淤土中，发现一面错金铁镜（M2：252）。圆形，正面平整，背部中央有一桥形钮，钮内穿绳，直径21厘米。经过现代电子仪器CT（计算机横断）扫描，在镜背发现图案，并有金丝露出。1965年在辽宁省北票县西官营子发掘了十六国时期北燕天王冯跋之弟车骑大将军、大司马、辽西公冯素弗墓，墓中出土一面铁镜，圆形，圆钮，钮外错刻大柿蒂纹方座，刻沟内残见金质，应是错金镜，直径27厘米。[4]2015~2016年，河南洛阳市寇店镇西朱村南发掘一座魏明帝曹叡幼女曹淑与甄宓早逝的堂孙甄黄合葬M1，出土刻铭石牌200余件，均为单面刻字，阴刻隶书体。其中1件石牌，刻铭文3行，每行6~7字，共计19字：“七寸、墨漆、画金带疏具一合，金厝镜、丹缣衣自副。”“金厝镜”“厝”为古错字，见《汉书·地理志》“是故五方杂厝”，颜师古注引晋灼曰：“厝，古错。”《广雅·释诂三上》：错，磨也。“金错”，即在器物上画出纹饰、錾刻凹槽、镶嵌金丝之后，再用厝石打磨平整。金错镜的制作工艺技术较为复杂，属于特种工艺镜。这件金错镜石牌铭文可译为：七寸黑漆画金黄色条带梳具一盒，内有包裹着赤红色绢的金错镜一面，构成一套。根据目前所见东汉晚期金错铁镜的发现规律与使用规制进行推测，洛阳西朱村曹魏墓出土石牌上所记“金厝镜”，应是直径接近汉尺七寸的金错铁镜。[5]虽曹操《上杂物疏》载：“御物有尺二寸金错铁镜一枚，皇后杂物用纯银错七寸铁镜四枚，皇太子杂纯银错七寸铁镜四枚，贵人至公主九寸铁镜四十枚。”说明至少在东汉时期，错金银铁镜的使用或为皇帝、皇后、皇太子等皇室专有。但前述考古发现无论是墓主身份，还是错金镜的使用情况，并非

[1] 定县博物馆：《河北定县43号墓发掘简报》，《文物》1973年第11期。

[2] 甘肃省博物馆：《武威雷鼓台汉墓》，《考古学报》1974年第2期。

[3] 张方，卓远：《河南南阳出土一件汉代铁镜》，《文物》1997年第7期。

[4] 黎瑶渤：《辽宁北票县西官营子北燕冯素弗墓》，《文物》1973年第3期。

[5] 洛阳市文物考古研究院：《河南洛阳市西朱村曹魏墓葬》，《考古》2017年第7期；霍宏伟：《洛阳西朱村曹魏墓石牌铭文中的镜鉴考》，《博物院》2019年第5期。

如此。

铁镜制作工艺，一般来说为铸造而成，也有研究者认为个别铁镜为锻造而成。何堂坤先生在《中国古代铜镜的技术研究》一书中认为，“从外形考察来看，铁镜之体部与钮部是分铸造的”，并进一步认为“铁镜采用分铸法成形，是一种很好的工艺选择”[1]。通过对洛阳古代铁镜外表进行仔细观察得知，多数铁镜是一次性铸造而成，从部分锈蚀起层且镜表锈层脱落后铁镜镜钮与镜体仍紧密结合而没有缝隙，可以证实是一次性铸造成的。镜体与镜钮分铸可能只是其中一部分，虽然一些铁镜的镜钮与镜体已基本脱离或有缝隙，但尚无法断定其原因是分铸还是锈蚀起层所造成的。

考古所见古代铁镜最早发现于南阳西汉早、中期墓中，其中西汉早期1面，西汉中期墓2面。[2]东汉特别是东汉中晚期以及西晋时期有较多出土发现。铁镜在东汉以后的西晋时期发现较多的原因，徐苹芳认为“在三国和西晋时期，中国北方的黄河流域因汉末的动乱，社会经济受到严重破坏。东汉北方铜镜的铸造地主要在首都洛阳，东汉末年洛阳的尚方工官和各地的作坊毁于战火，铜镜制造业一蹶不振”“自汉代以来，中国主要的铜矿都在南方的长江流域。三国时代，南北分裂，魏的境内铜料不足，铜镜铸造业不能不受到影响。正是由于魏的铜镜铸造业不很发达，铁镜便应运而兴。由于铜料的缺乏，铁镜在魏和西晋时期的北方盛极一时”。[3]然而，考察考古发现，虽然曹魏和西晋特别是西晋时期的铁镜较为常见，但“盛极一时”则未必。就洛阳地区而言，东汉时期铁镜已有较多使用，从前述洛阳出土汉代铁镜数量已然明了。洛阳烧沟发掘的225座汉墓中共出土铜镜118面，其中东汉时期的铜镜约30面，而铁镜仅8面。20世纪50年代洛阳发掘的54座西晋墓中，出土铜镜24面，出土铁镜7面。2003年冬至2004年夏，在洛阳偃师华润电厂工地共发掘汉、晋墓葬105座，其中77座东汉墓中出土铜镜9面、铁镜6面，西晋墓28座出土铜镜4面、铁镜3面。从洛阳晋时期墓葬出土镜类来看，仍然以铜镜为多，铁镜少。只是从比例上看，西晋时期铁镜有所增加，但始终没有达到“盛极一时”的主流地位。战国和两汉时期是中国古代铜镜发展的两个高峰，虽然文献记载战国魏襄王子魏哀王陵墓“有铁镜数百枚”，但至今未见战国铁镜考古发现的报导，西汉时期考古发现的铁镜也十分有限。从铁原料和铸造技术两个方面来看，都不是铁镜少的原因。其主要原因，应该是铁镜的使用效果与光可鉴人的铜镜无法比拟。中国古代铁器，从战国时期开始大量出现，两汉时期铁器的使用更为普遍。以洛阳为例，1976年洛阳考古工作者在东周王城遗址内发掘了战国粮仓62号仓窖，窖内出土铁质农具、生产工具等32种共126件[4]，1953年发掘的洛阳烧沟汉墓中出土铁器306件[5]。铁镜较多的出现于东汉中晚期，从大的历史背景分析，可能与东汉和帝时罢盐铁官营有关。这种现象在陕西也存在，《西安东汉墓》考古报告中收入的98座东汉墓中，共有52座墓葬出土铜镜89面，铁镜2面。[6]西安东汉墓出土发现东汉铜镜和铁镜的现象与洛阳相同。

[1] 何堂坤：《中国古代铜镜的技术研究》，紫禁城出版社，1999年。

[2] 南阳市文物考古研究所：《南阳出土铜镜》，文物出版社，2010年12月。

[3] 徐苹芳：《三国两晋南北朝的铜镜》，《考古》1984年第6期。

[4] 洛阳博物馆：《洛阳战国粮仓试掘纪略》，《文物》1981年第11期。

[5]《洛阳烧沟汉墓》，科学出版社，1959年。

[6] 西安市文物保护考古所：《西安东汉墓》，文物出版社，2009年。

中国古代铁镜的用途，有实用说、代铜镜说等。从考古发现的各个历史时期的铁镜现状来看，铁镜为实用照容器可能性不大。至今没有发现像汉唐铜镜光可鉴人的铁镜。北宋路振撰《九国志》载，前蜀王宗寿尝于许汝间得一铁镜，晦不可鉴。屡令工人莹之，了无所睹。可见，铁镜的特点，决定其“晦不可鉴”，既使“令人莹之”，仍“了无所睹”。汉魏时期的铁镜或许只是作为明器使用的。隋唐及以后，墓葬中多见铁牛、铁猪以及铁券等与道家避邪有关的镇墓法器，铁镜也与其作用相同，可能更多的融入了宗教色彩，成为道家的法器之一。[1]

洛阳所出铁镜的锈蚀特点有以下几个：一是残碎。铁镜在出土时已成碎块，或为出土后保存不当所至。残碎的程度也不相同，或碎成数块，或碎成数十块；二是龟裂。即铁镜形状基本完整，但镜体表面呈龟背纹状开裂，有的镜面和镜背两面均龟裂，有的镜背龟裂，以背部龟裂为多；三是锈层脱落。铁镜锈层从镜缘侧边看，有的锈蚀层多达数层，形似“千层饼”，这种起层锈蚀的形成主要是出土后氧化的结果；四是锈蚀穿孔。锈蚀穿孔主要是铁镜表层即面背锈蚀层脱落后局部形成的穿孔；五是成为一堆铁渣。这是铁镜锈蚀最严重的现象。这几种锈蚀现象，有的单独存在，有的同时存在。由于土质影响、在墓葬中所处位置不同以及周围不同物质影响等因素，多数铁镜在出土时已严重锈蚀，这是其最主要的原因；其次，铁镜出土后没有进行必要的技术保护；再次，保存条件差，如存放环境潮湿、不封闭等。铁镜的保护，早期一直用石蜡密封。即把铁镜表面土锈清理干净后浸入熔化的石蜡中，让蜡溶液把铁镜全部覆盖后取出晾干，存放于干燥处。如需要再改用其他更好的材料进行保护，把蜡封的铁镜加热使蜡熔化即可。这种方法对铁镜（铁器）的保护是十分有效的。只是封蜡后的器物表面颜色变深，且有蜡质光泽，用于陈列时有一定的影响。因铁质极易氧化，故对铁镜的保护，贵在及时。虽然有的铁镜在墓中已经锈蚀，但相对处于密封的状态，锈蚀的程度也趋于相对稳定状态。出土后如不及时加以保护处理，锈蚀损坏的速度是很快的。因此，应当在铁镜出土后及时进行封护处理。铁镜的保护应从考古发掘时清理墓葬随葬品时开始，发现有铁镜，如保存尚好，可用密封袋密封；如已残损，不能马上取出，可以连同铁镜周围的土一起简单固定取出。取出的铁镜，应交文物保护技术人员进行处理，清理掉泥土，如有织物痕迹，应保留，否则应清理至铁镜表面，再把污物清洗干净，有条件的可进行脱盐处置，最后进行封护。早期多用石蜡封护，后多用B72封护，目前最新的封护材料是纳米材料。

[1] 陈灿平：《试论隋唐墓出土的铁镜》，《中原文物》2021年第3期。

古镜图例【汉】

洛阳烧沟 M1035：99

年代：东汉
规格：直径 13.4 厘米
来源：1955 年，洛阳烧沟

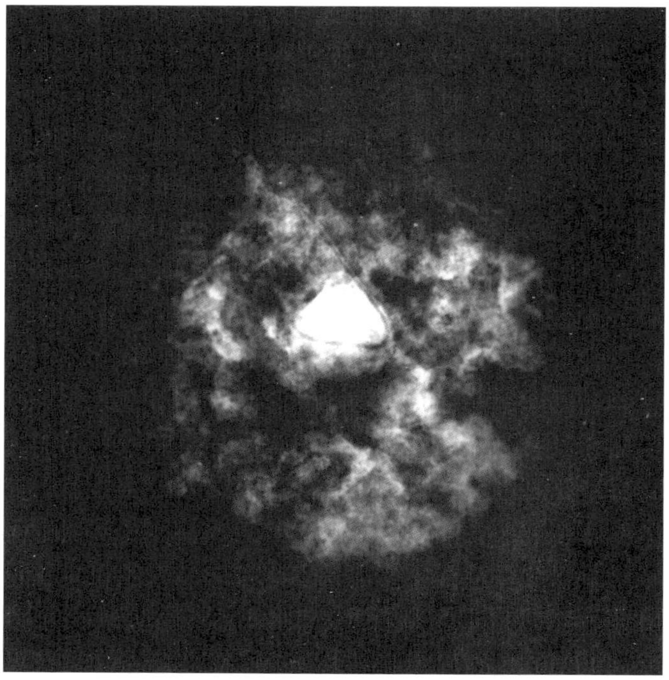

洛阳烧沟 M1037：28

年代：东汉建宁三年（170）
规格：直径 14.2 厘米
来源：1955 年，洛阳烧沟

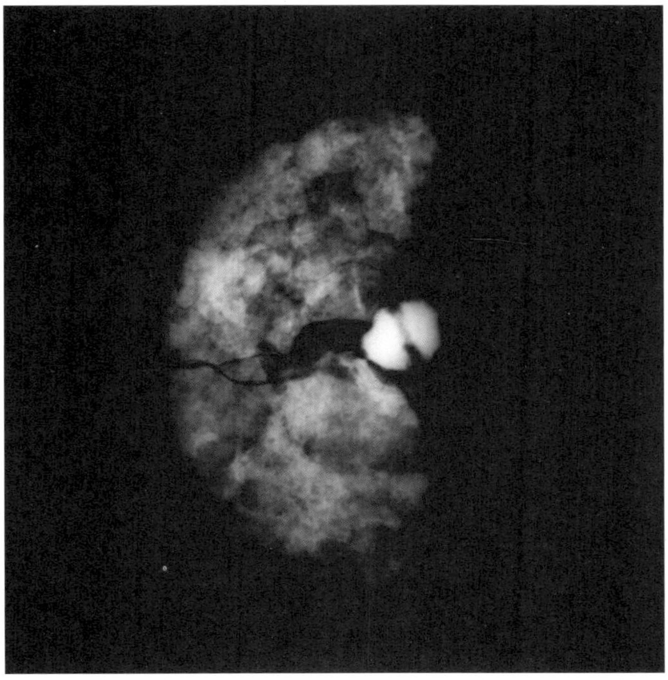

洛阳烧沟 M1035：88

时代：东汉
规格：直径 21 厘米
来源：1955 年，洛阳烧沟

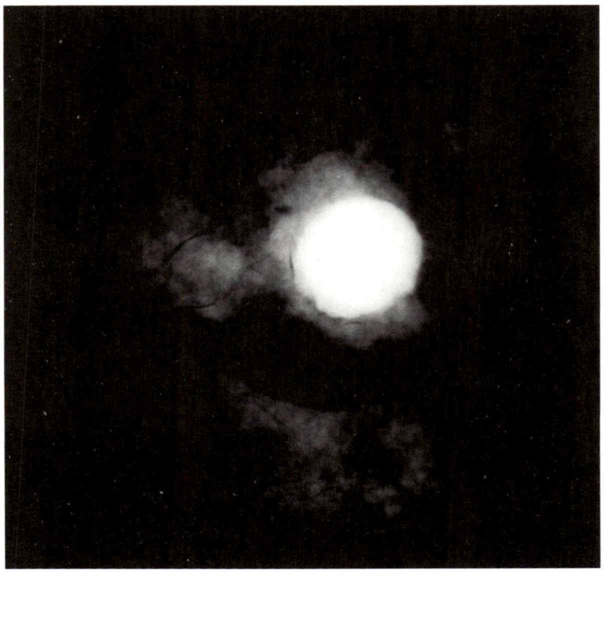

洛阳烧沟 M1038：62

时代：东汉
规格：直径 14.2 厘米
来源：1955 年，洛阳烧沟

洛阳烧沟 M1038：31

时代：东汉
规格：直径 16.4 厘米
来源：1953 年 6 月，洛阳烧沟

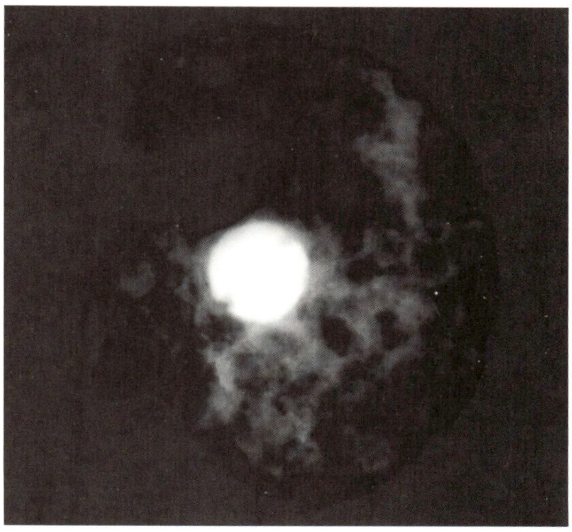

洛阳烧沟 M1036：15

时代：东汉
规格：直径 16 厘米
来源：1955 年，洛阳烧沟

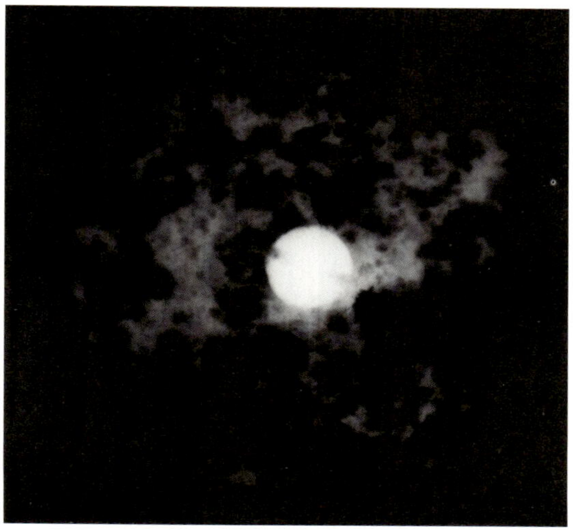

7:118
1:1036:15

洛阳拖拉机厂 M6 · 13 · 5：2

时代：东汉
规格：直径 16 厘米
来源：1955 年，洛阳拖拉机厂（12 工区）

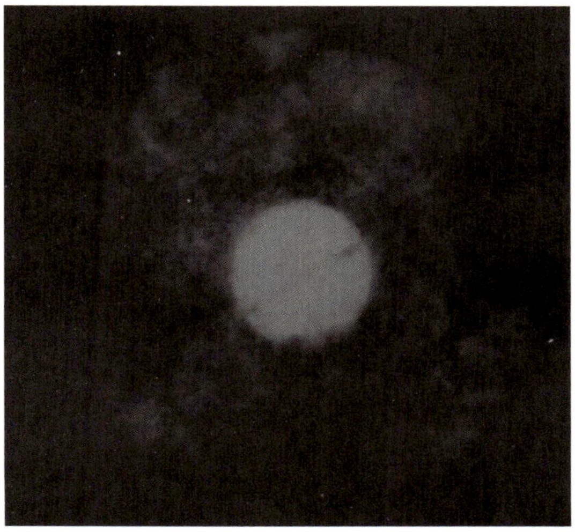

洛阳七里河 M2：37

时代：东汉
规格：直径 9.6 厘米
来源：1956 年 1 月，洛阳七里河明渠（54 工区）

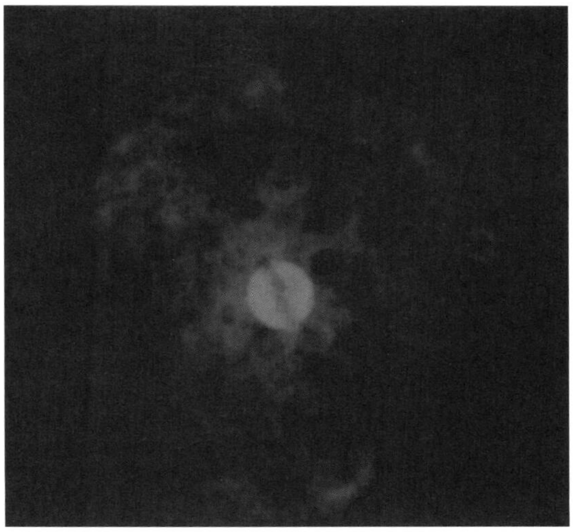

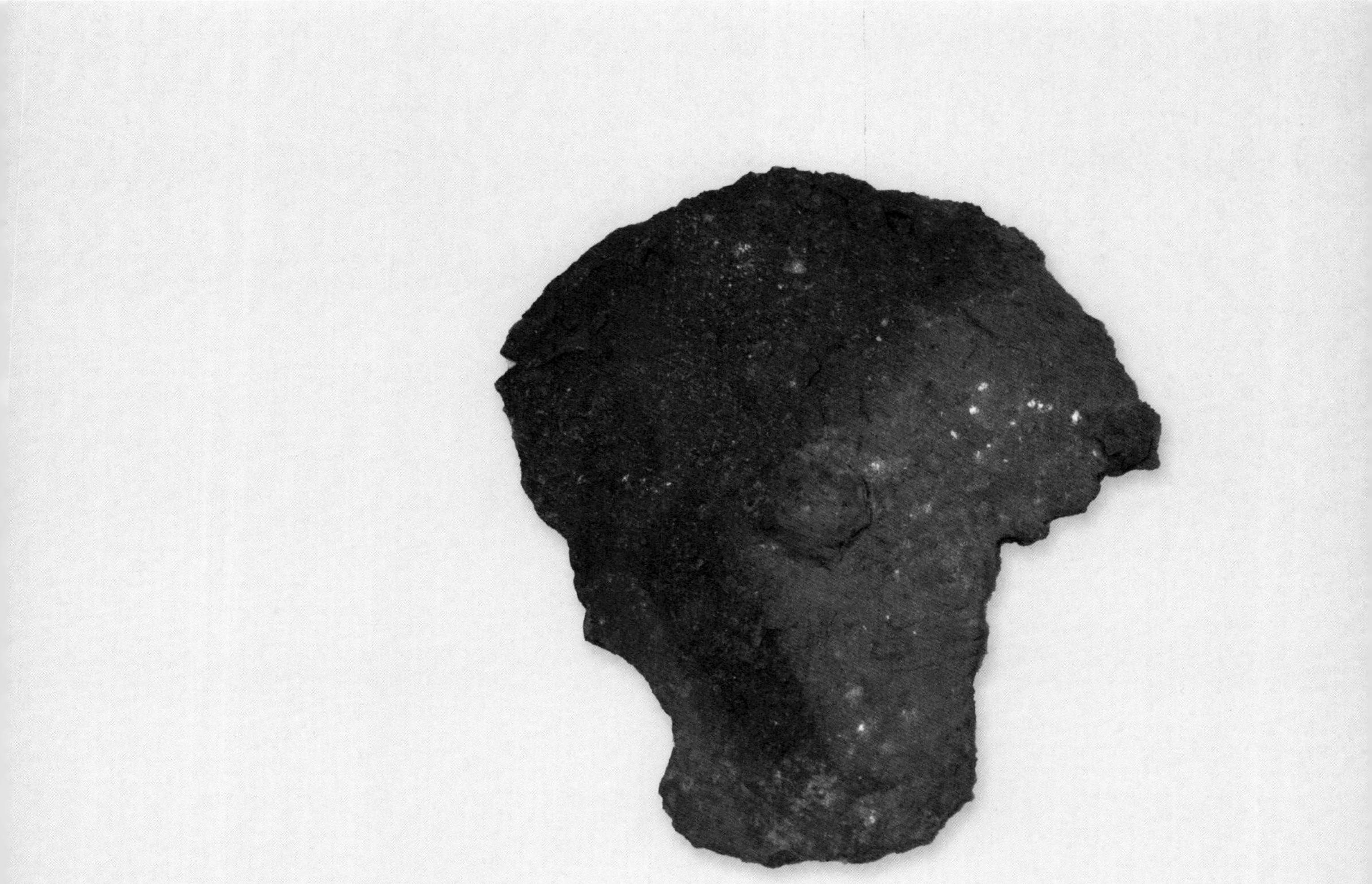

洛阳巩石复线 M11：1

时代：东汉
规格：直径 14.2 厘米
来源：1957 年 9 月，巩县石家庄铁路复线

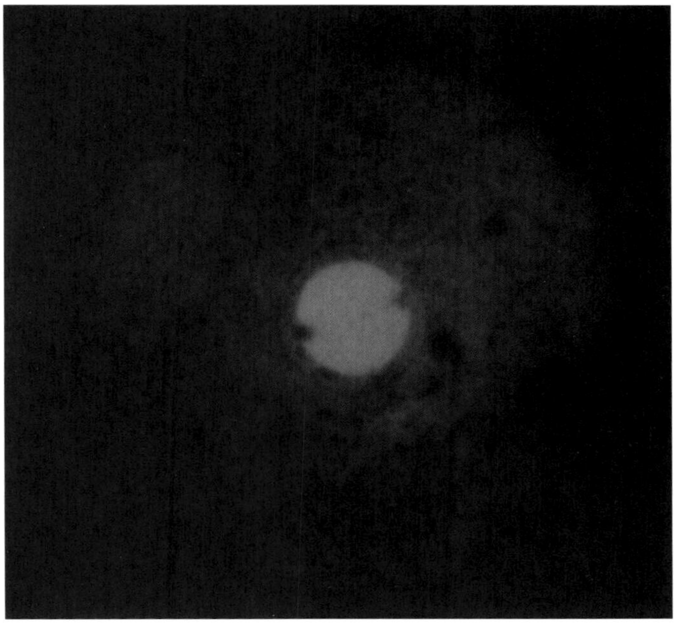

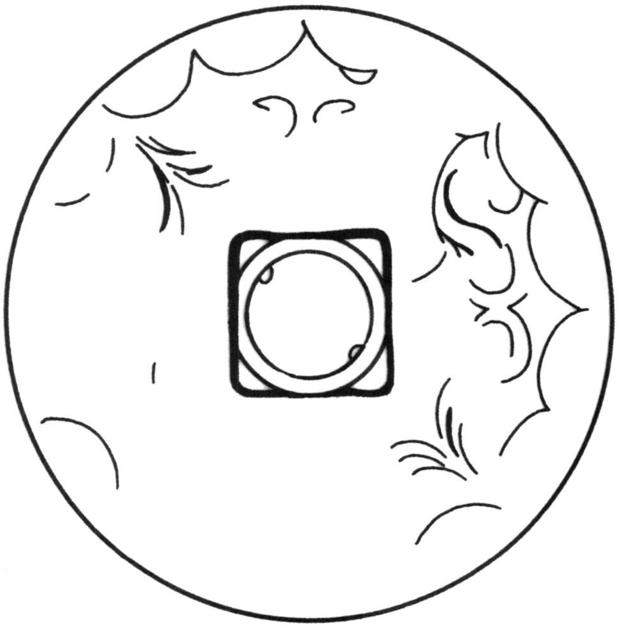

背面X光片显示为圆钮座，以钮为中心向外饰变形弧方形座四叶，主体纹饰或为对鸟纹，连弧纹缘。

洛阳拖拉机厂 M6 · 14 · 9：1

时代：汉
规格：直径 14 厘米
来源：1955 年 4 月，洛阳拖拉机厂（12 工区）

洛阳铁站线 M151：1

时代：汉
规格：直径 17.8 厘米
来源：1958 年 1 月，洛阳铁站线（401 工区）

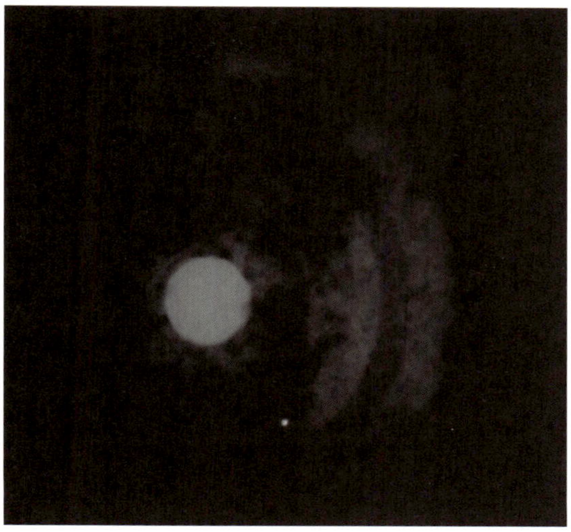

背面 X 光片显示镜背有两道宽带，宽缘。

洛阳储运公司 M11：12

时代：东汉
规格：直径 21.6 厘米
来源：1965 年 11 月，洛阳储运公司 1 幢

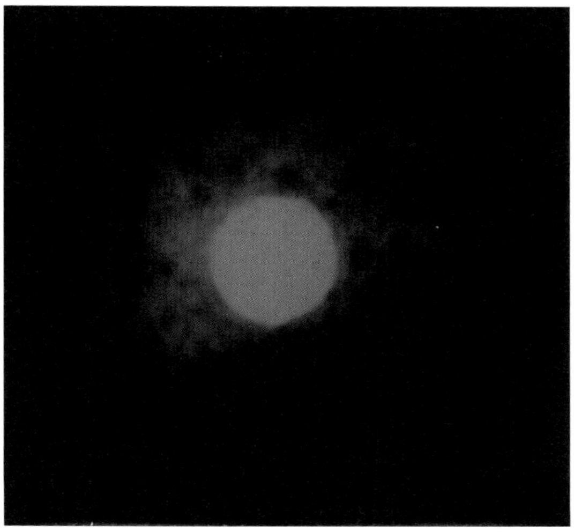

洛阳唐寺门 M2：17

时代：东汉
规格：直径 13 厘米
来源：1970 年 9 月，洛阳唐寺门

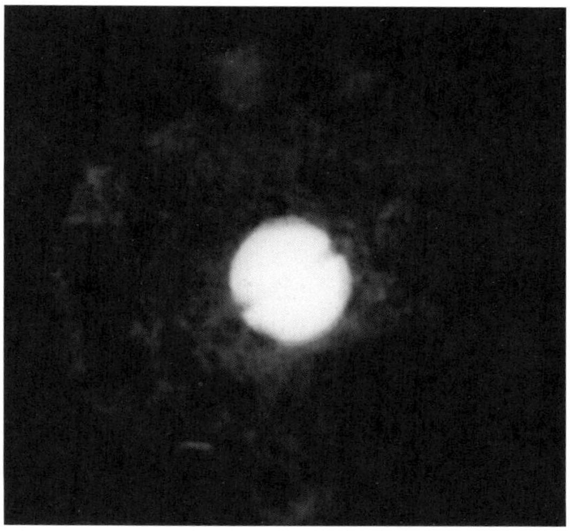

洛阳唐寺门 M1：103

时代：东汉永康元年（167）
规格：直径 10.2 厘米
来源：1970 年 9 月，洛阳唐寺门

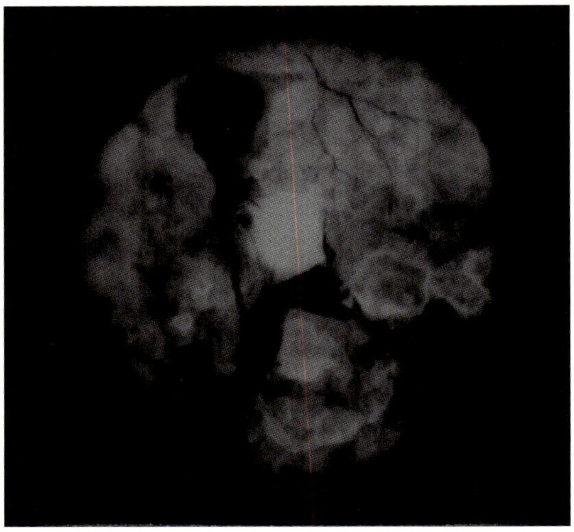

洛阳焦枝线塔西段 M1：2

时代：东汉
规格：直径 17.2 厘米
来源：1969 年 12 月，洛阳焦枝铁路塔西段铁路西侧

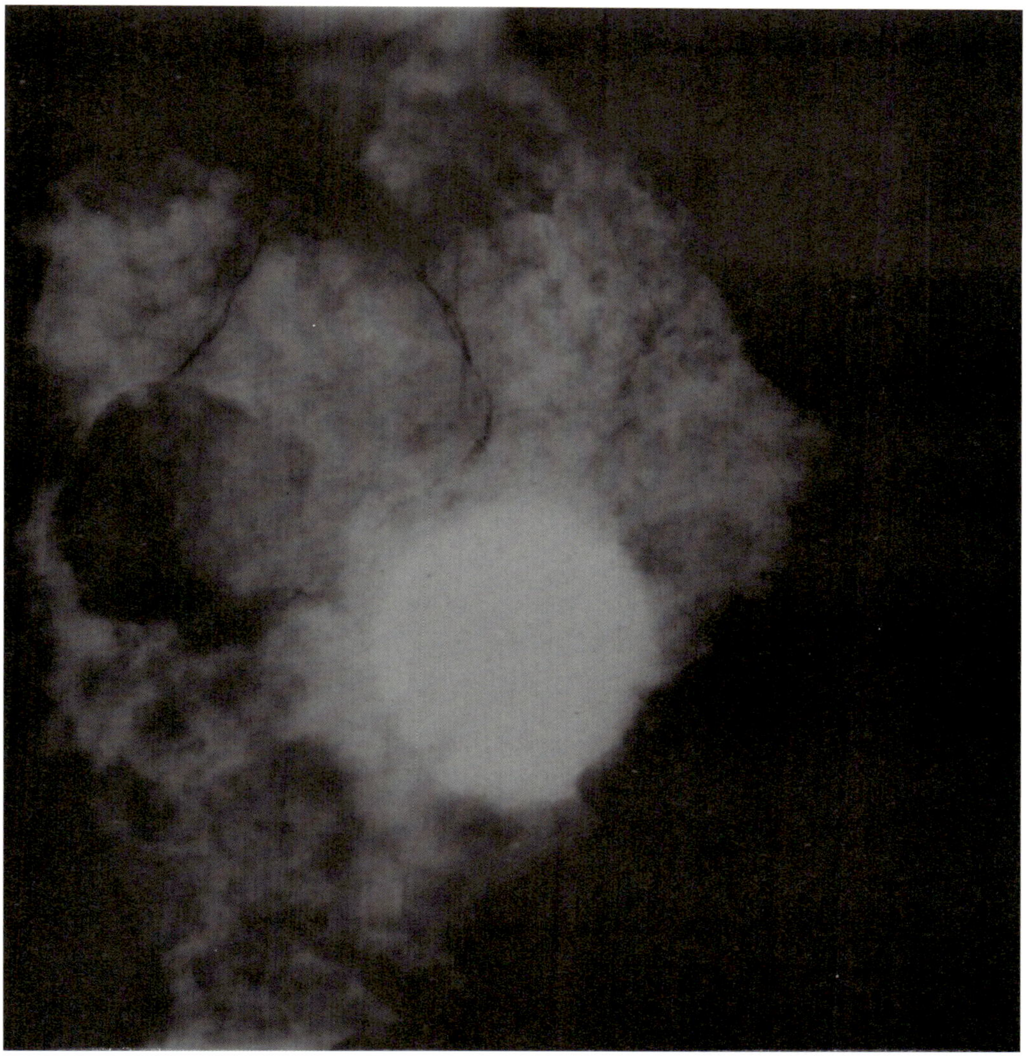

洛阳矿山厂 M40：6

时代：东汉
规格：直径 16.5 厘米
来源：1969 年 11 月，洛阳矿山厂水压机车间

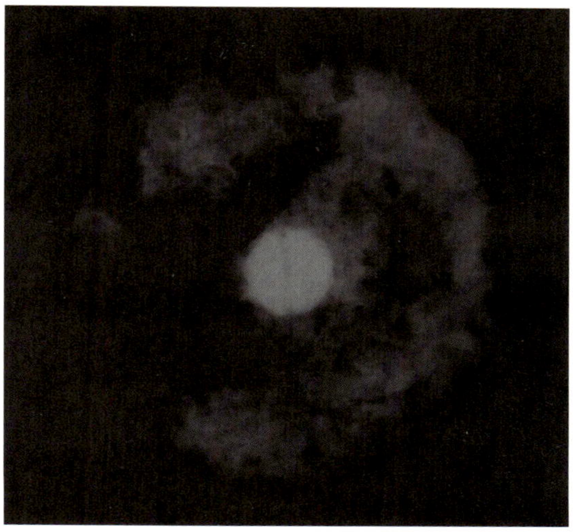

洛阳唐寺门 M1：98

时代：东汉永康元年（167）
规格：直径 17.2 厘米
来源：1970 年，洛阳唐寺门

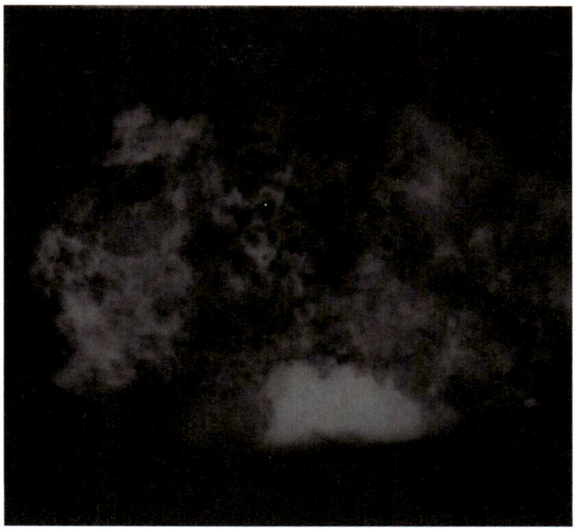

洛阳李屯百货楼 C7M1：37

时代：东汉元嘉二年（152）
规格：直径 9 厘米
来源：1974 年 3 月，洛阳燃化李屯实验厂百货楼

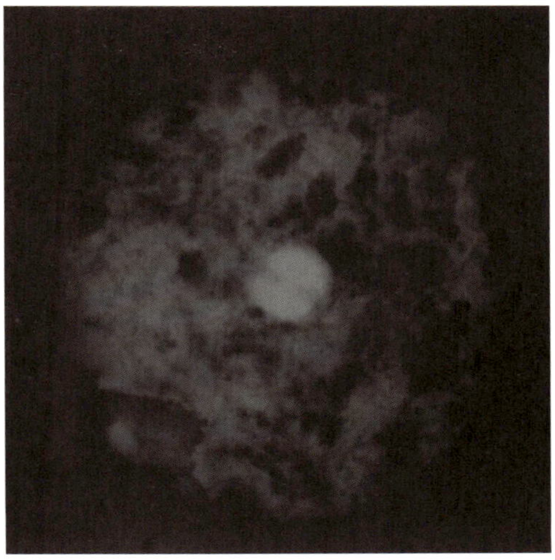

洛阳李屯百货楼 C7M3：41

时代：东汉
规格：直径 19.8 厘米
来源：1974 年 3 月，洛阳燃化李屯实验厂百货楼

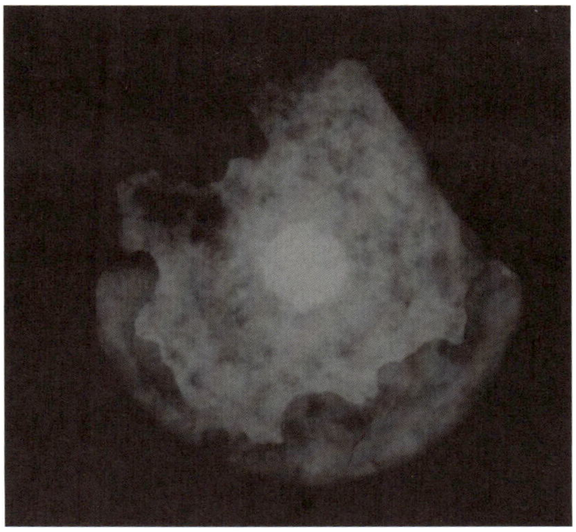

洛阳李屯百货楼 C7M3：42

时代：东汉

规格：直径 16.3 厘米

来源：1974 年 3 月，洛阳燃化李屯实验厂百货楼

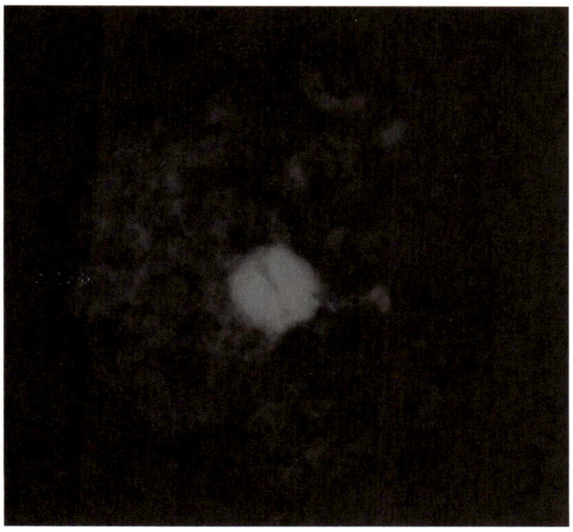

洛阳拖拉机厂 M1：7

时代：东汉
规格：直径 14.2 厘米
来源：1974 年 11 月，洛阳拖拉机厂 40 分厂

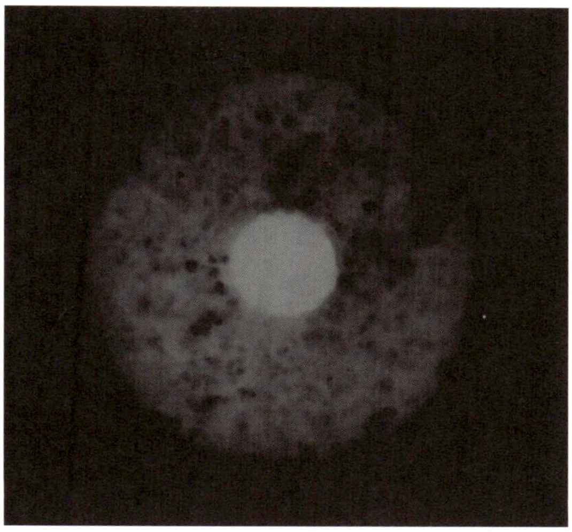

洛阳拖拉机厂 M1：7

时代：东汉光和二年（179）
规格：直径 11.6 厘米
来源：1974 年 7 月，洛阳拖拉机厂 40 分厂

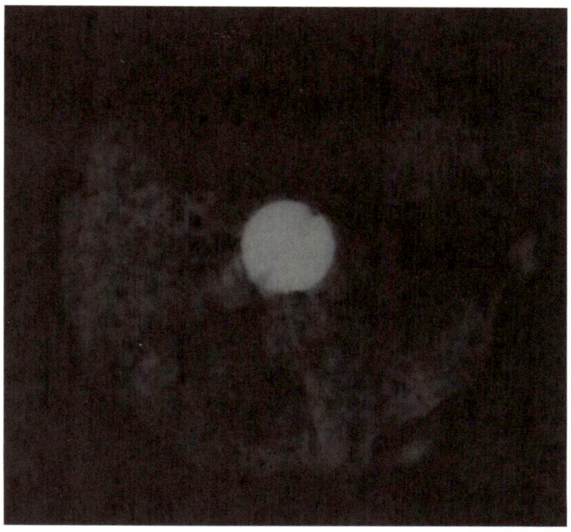

背面X光片显示为圆钮座，变形弧方四叶纹，主体纹饰或为变形夔凤纹，连弧缘。

洛阳饮食公司 C1M44：28

时代：东汉光和二年（179）
规格：直径 16 厘米
来源：1974 年 12 月，洛阳饮食公司玻璃厂大楼

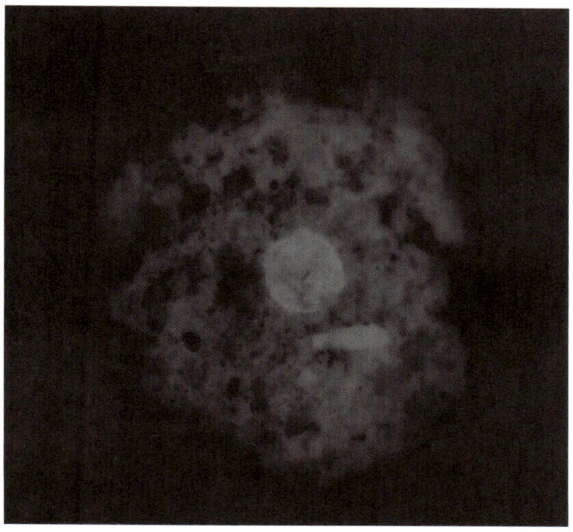

洛阳饮食公司 C1M44：28

时代：东汉光和二年（179）
规格：直径 13.6 厘米
来源：11974 年 12 月，洛阳饮食公司玻璃厂大楼

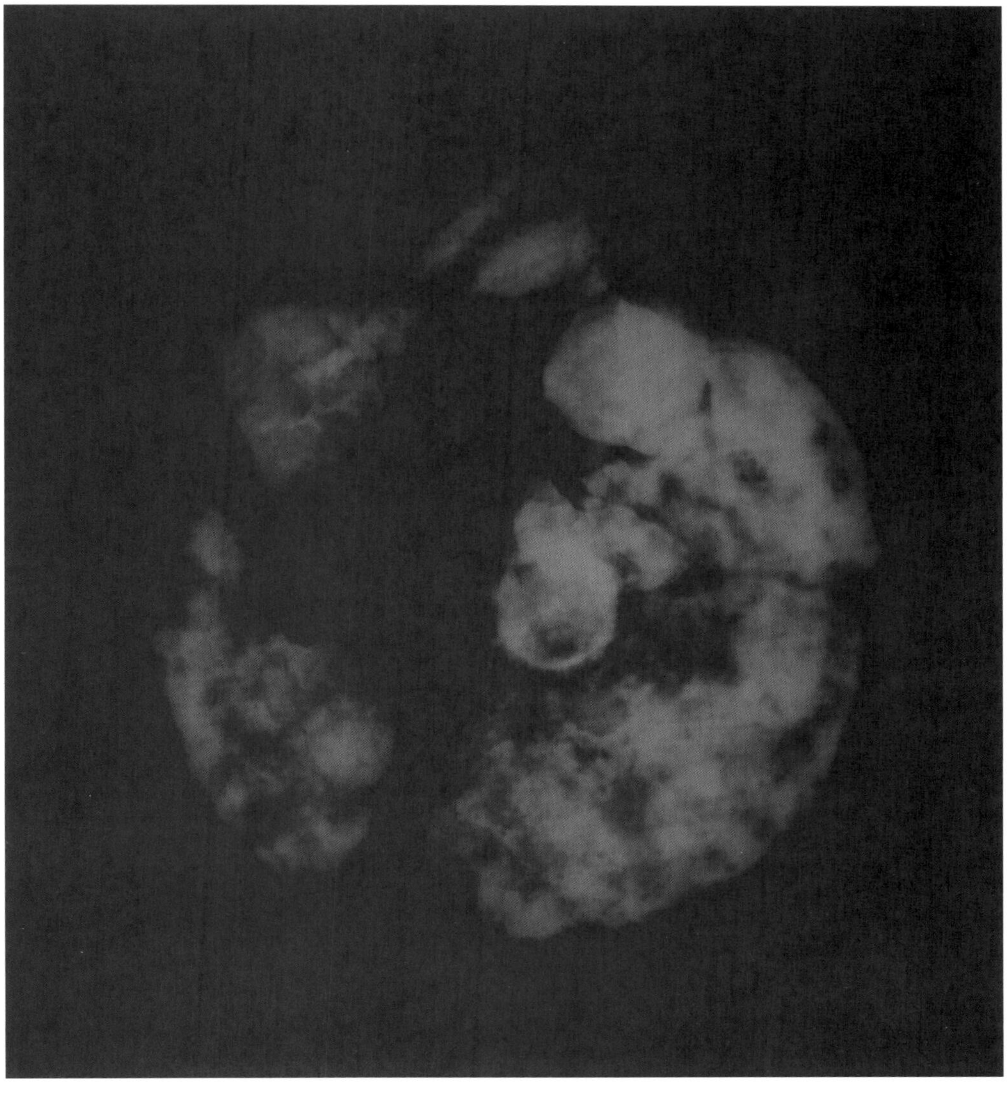

洛阳饮食公司 C1M44：28

时代：东汉光和二年（179）
规格：直径 14.8 厘米
来源：1974 年 12 月，洛阳饮食公司玻璃厂大楼

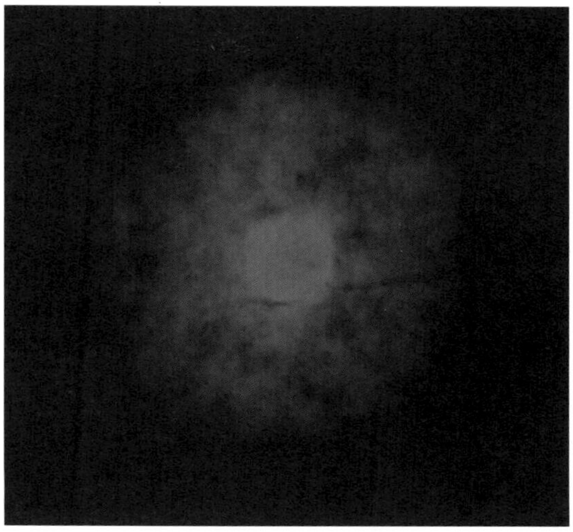

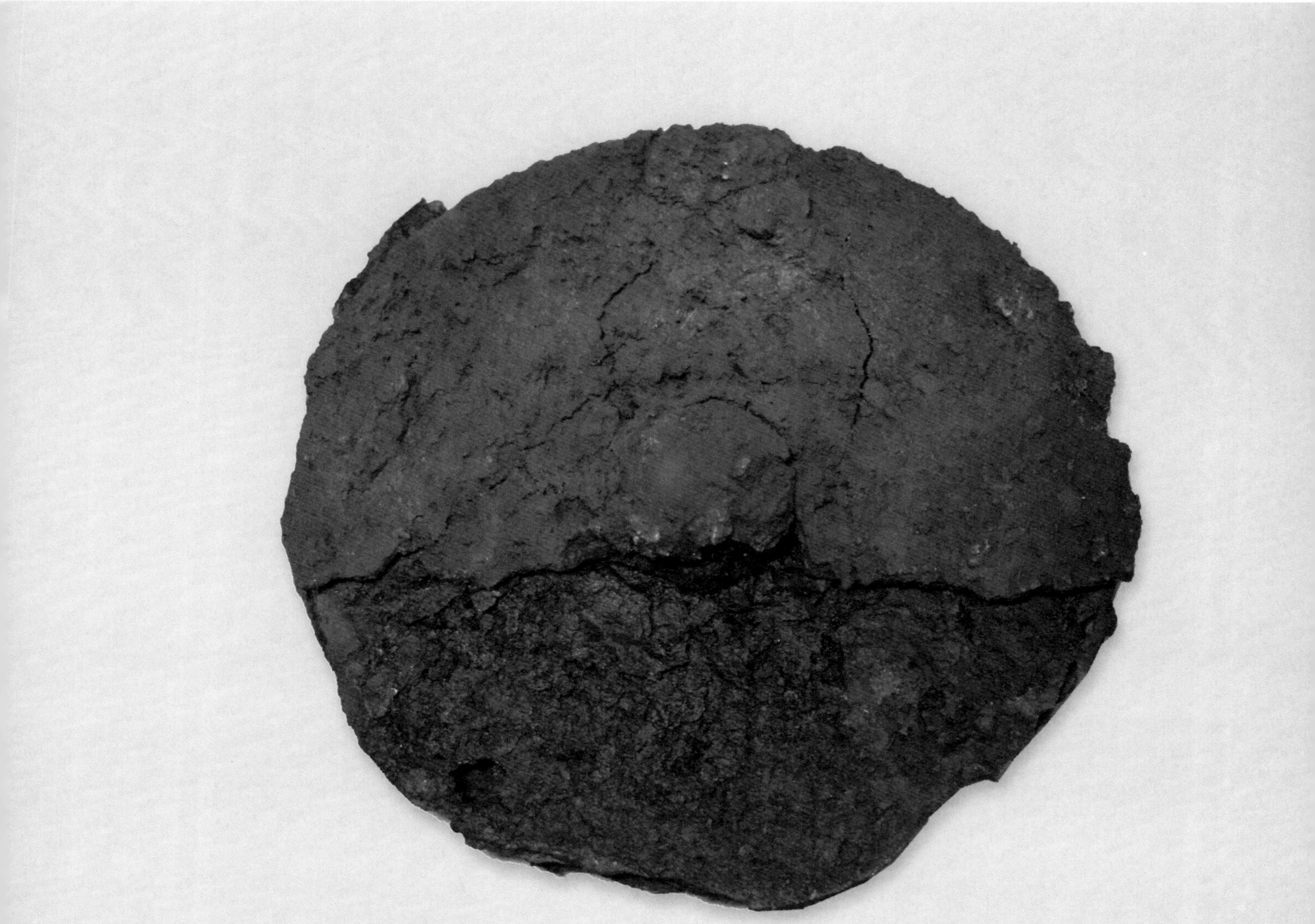

洛阳郊区变电站 C5M31：6

时代：东汉
规格：直径 16.6 厘米
来源：1976 年 6 月，洛阳市郊区变电站

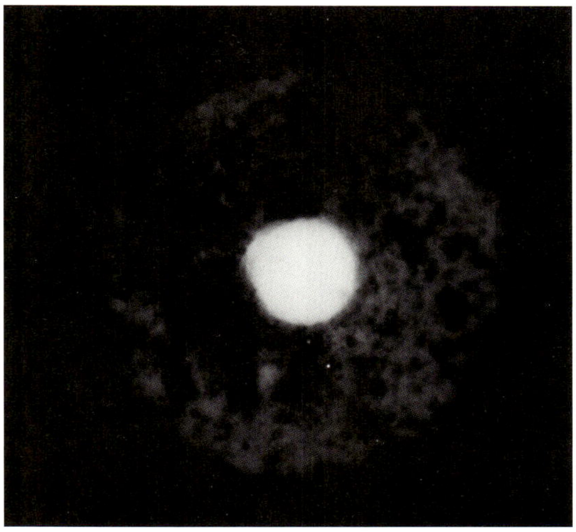

洛阳涧西房管局 C4M19：4

时代：东汉
规格：直径 11.1 厘米
来源：1981 年 10 月，洛阳涧西南昌路房管局

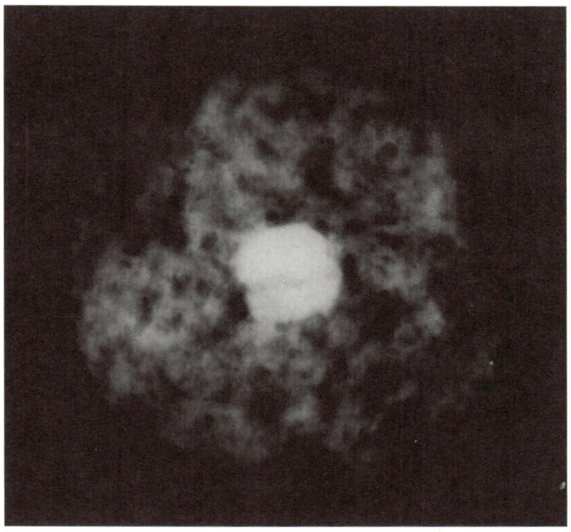

洛阳偃师杏园村 M17：2

时代：东汉
规格：直径 11.1 厘米
来源：1984 年，偃师杏园村壁画墓

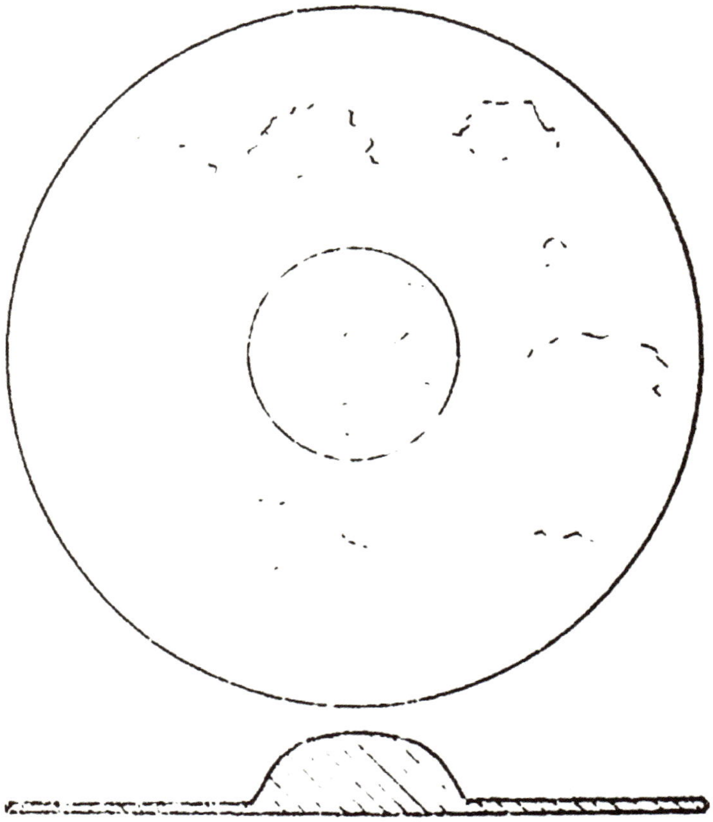

洛阳 534 医院 C4M684：17

时代：汉
规格：直径 17.5 厘米
来源：1987 年 1 月，洛阳 80304 部队 534 医院

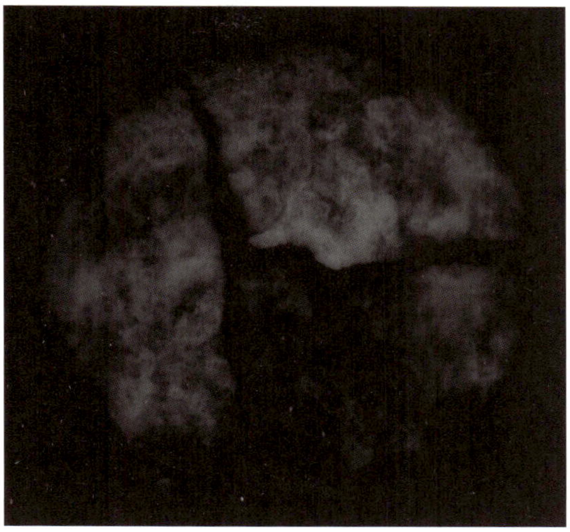

X 光片显示为平缘，稍宽，内区或有线条状纹饰。

洛阳机车厂生活车间 C5M195：3

时代：东汉
规格：直径 19 厘米
来源：1986 年 12 月，洛阳机车工厂生活间

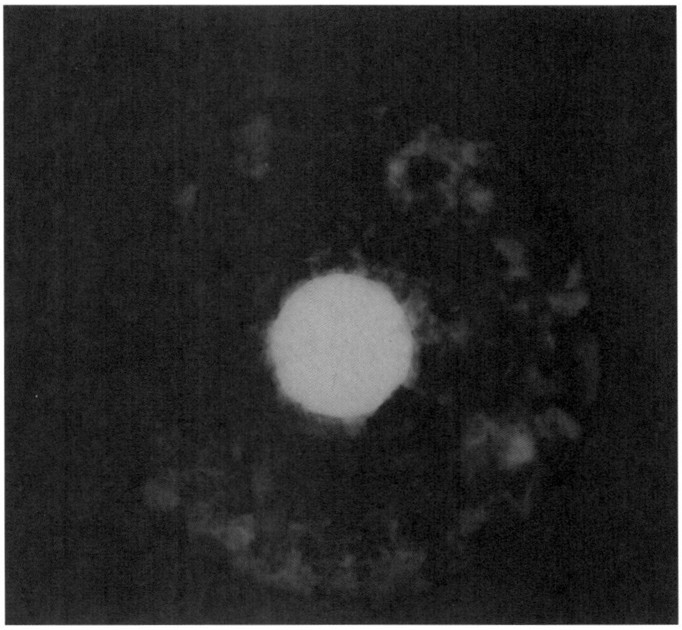

背面X光片显示为错金（银）纹镜，钮座为外侧为锯齿纹的圆钮座，弧方四叶纹，主体纹饰为四组对凤纹，镜缘饰云气纹。四叶纹间有篆书“长宜子孙”四字。

洛阳吉利输变站 C9M264：9

时代：汉
规格：直径 16.5 厘米
来源：1987 年 5 月，洛阳北郊吉利区 22 万输变站

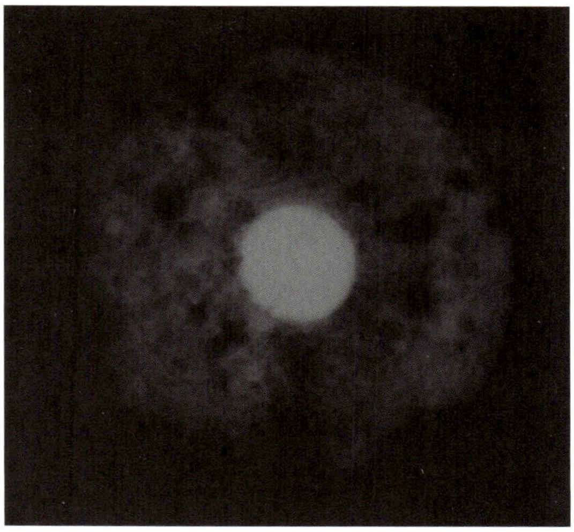

洛阳机车厂磷化车间 C5M258：14

时代：东汉
规格：直径 16.2 厘米
来源：1987 年 6 月，洛阳机车工厂磷化车间

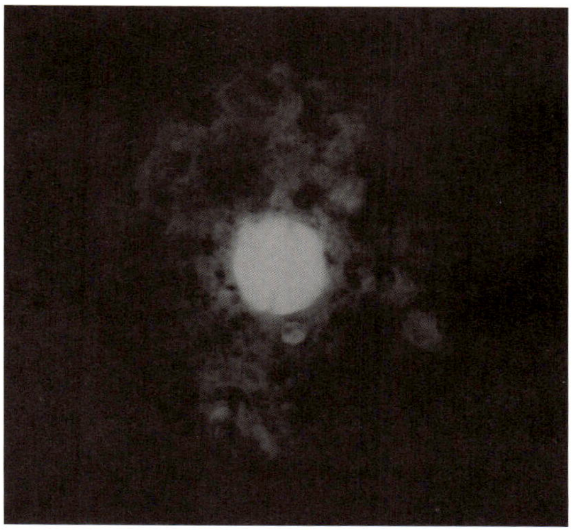

洛阳机车厂转向架车间 C5M265：5

时代：汉
规格：直径 21.2 厘米
来源：987 年 6 月，洛阳机车工厂转向架车间

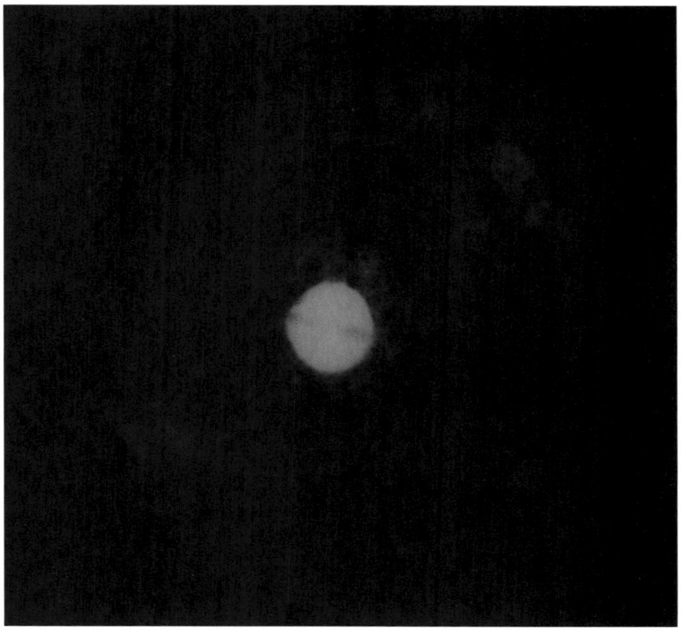

背面X光片显示为四蒂形钮座，主区纹饰为内连弧纹，宽缘。

洛阳机车工厂 C5M346：1

时代：东汉
规格：直径 13.1 厘米
来源：1988 年 1 月，洛阳机车工厂

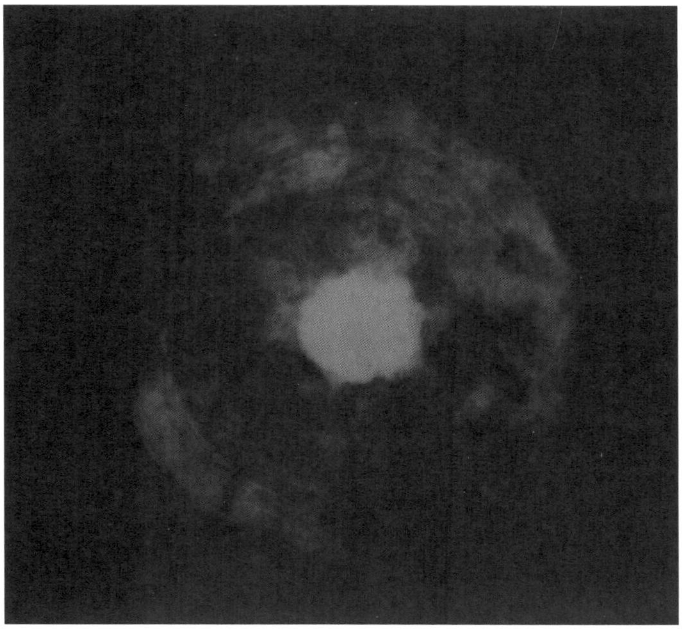

背面X光照片可知为错金纹镜，此镜为蝙蝠形四叶纹钮座，间饰篆书铭文“长宜子孙”四字，外饰内连弧纹一周，缘较宽，上饰云气纹。

洛阳吉利炼油厂 C9M2307：53

时代：汉
规格：直径 14 厘米
来源：1998 年 9 月，在洛阳吉利炼油厂

洛阳东明小区 C5M1342： 1

时代：东汉
规格：残径 21.3 厘米
来源：2000 年 8 月，洛阳东明小区

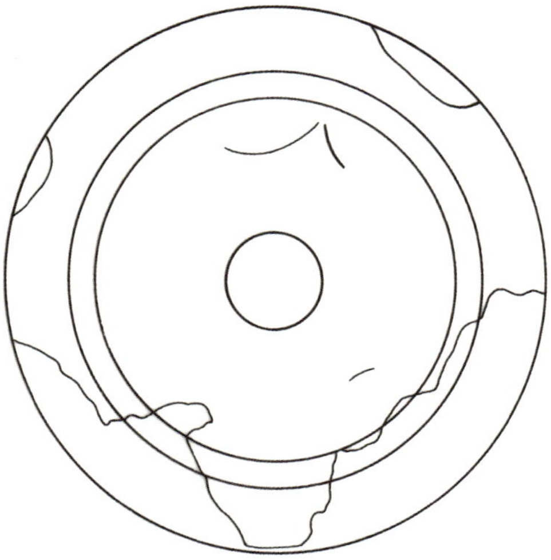

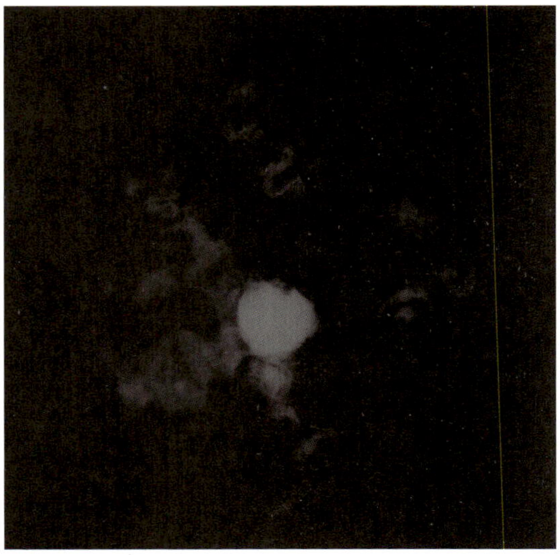

X 光照片显示为一圈凸棱和连弧纹。

洛阳偃师华润电厂 M64：5

时代：东汉
规格：直径 15.3 厘米
来源：2003 年，偃师华润电厂

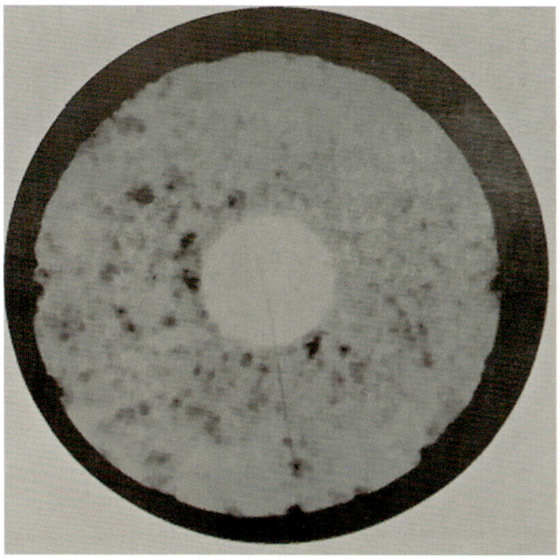

洛阳偃师华润电厂 M64：6

时代：东汉
规格：直径 16 厘米
来源：2003 年，偃师华润电厂

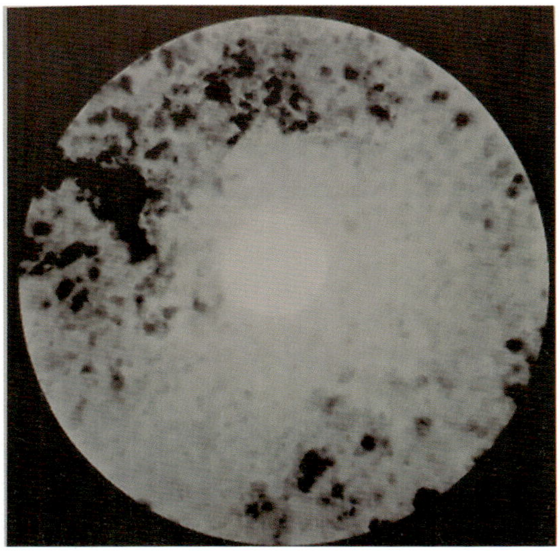

洛阳偃师华润电厂 M135：9

时代：东汉
规格：直径 16.8 厘米
来源：2003 年，偃师华润电厂

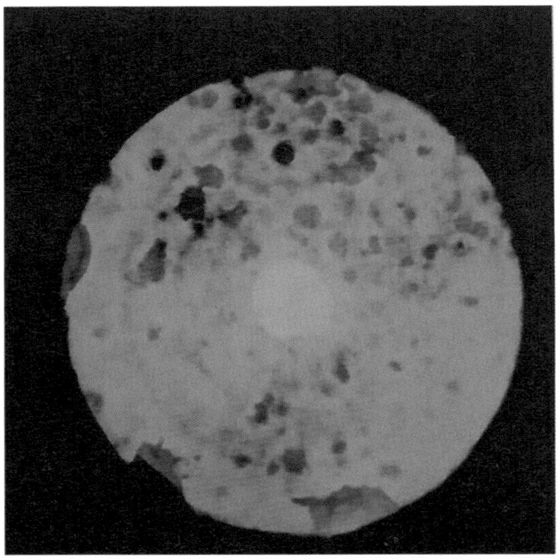

X 光片看为宽缘，有两周弦纹和内连弧纹。

洛阳偃师华润电厂 M135：10

时代：东汉
规格：直径 13.5 厘米
来源：2003 年，偃师华润电厂

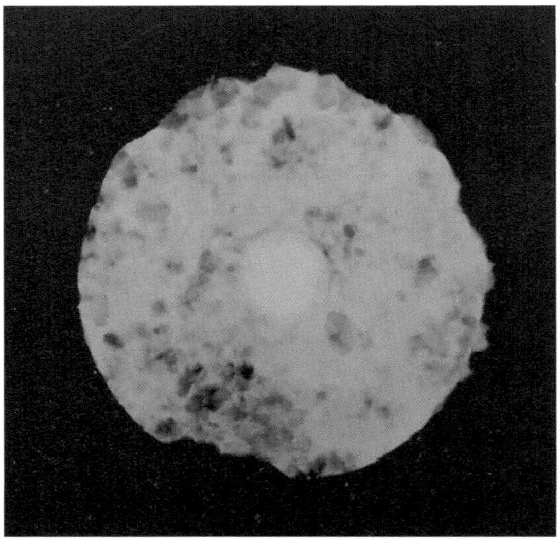

洛阳荣康医院新址 C3M681：5

时代：东汉晚期
规格：直径 21 厘米
来源：2007 年，洛阳第二荣康医院新址

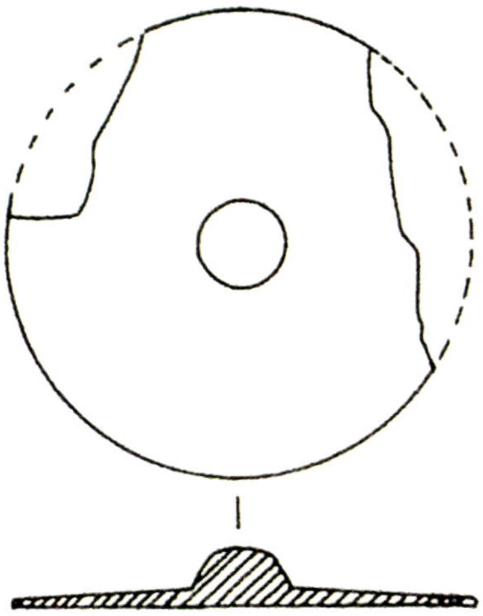

洛阳荣康医院新址 C3M687：5

时代：东汉晚期
规格：直径 20.8 厘米
来源：2007 年，洛阳第二荣康医院新址

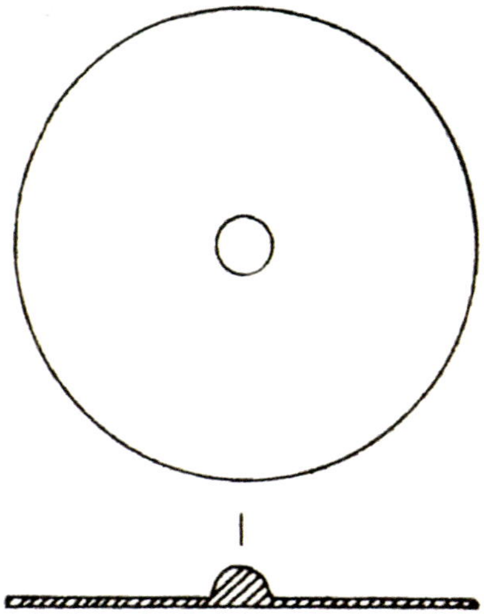

洛阳偃师首阳新时代广场 C18M907：8

时代：汉
规格：直径 8 厘米
来源：2022 年，偃师首阳新区新时代广场

洛阳事务局物资集团 HM10474：4

时代：汉
规格：直径 15 厘米
来源：2009 年，洛阳事务局物资集团

洛阳孟津平乐镇朱仓村 09LHZ19：4

时代：汉
规格：直径 14.5 厘米
来源：2009 年，孟津县平乐镇朱仓村

洛阳工业园区 HM2002：9

时代：汉
规格：直径 14.5 厘米
来源：2011 年，洛阳工业园区（国机重工）

洛阳史家湾轨道产业园 C3M1930：15

时代：汉
规格：直径 16.5 厘米
来源：2020 年，洛阳市史家湾轨道产业园

洛阳史家湾轨道产业园 C3M1930：18

时代：汉
规格：直径 16.5 厘米
来源：2020 年，洛阳市史家湾轨道产业园

洛阳史家湾轨道产业园 C3M1930：19

时代：汉
规格：直径 22 厘米
来源：2020 年，洛阳市史家湾轨道产业园

有错金纹饰

洛阳史家湾轨道产业园 C3M1930：20

时代：汉
规格：直径 21 厘米
来源：2020 年，洛阳市史家湾轨道产业园

洛阳史家湾轨道产业园 C3M2655：1

时代：汉
规格：直径 17 厘米
来源：2021 年，洛阳市史家湾轨道产业园

洛阳史家湾轨道产业园 C3M2244：1

时代：汉
规格：直径 21.5 厘米
来源：2021 年，洛阳史家湾轨道产业园

洛阳偃师首阳新时代广场 C18M907：8

时代：汉
规格：直径 22 厘米
来源：2022 年，偃师首阳新区新时代广场

古镜图例【曹魏】

洛阳寇店西朱村 M1

时代：曹魏
规格：直径 15 厘米
来源：2015~2016 年，河南洛阳市寇店镇西朱村南曹魏时期魏明帝曹叡幼女曹淑与甄宓堂孙甄黄合葬墓

错金对鸟纹

洛阳孟津三十里铺村曹休墓 ZM44：30

时代：曹魏

规格：直径 19.5 厘米

来源：2009~2010 年，洛阳市孟津送庄镇三十里铺村南三国曹魏大将军曹休墓

古镜图例【西晋】

洛阳拖拉机厂宿舍 C4M7：14

时代：西晋
规格：直径 11.3 厘米
来源：1954 年 9 月，洛阳拖拉机厂宿舍（13 工区）

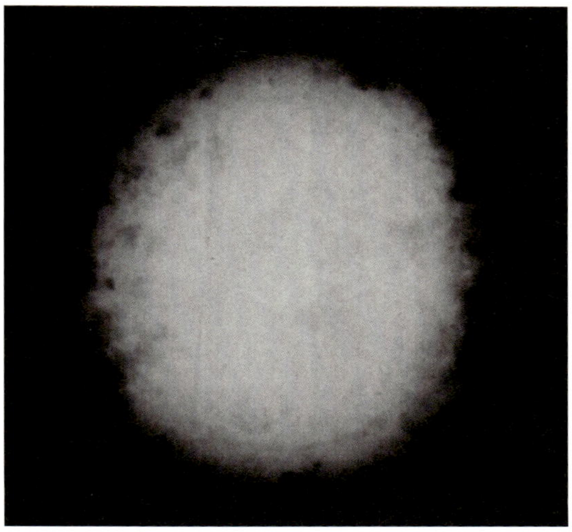

洛阳劳改木工厂 M5：10

时代：西晋
规格：直径 15.6 厘米
来源：1955 年 1 月，洛阳劳改木工厂（34 工区）

洛阳矿山厂宿舍 M21：7

时代：西晋
规格：直径 13 厘米
来源：1955 年 1 月，洛阳矿山厂宿舍（17 工区）

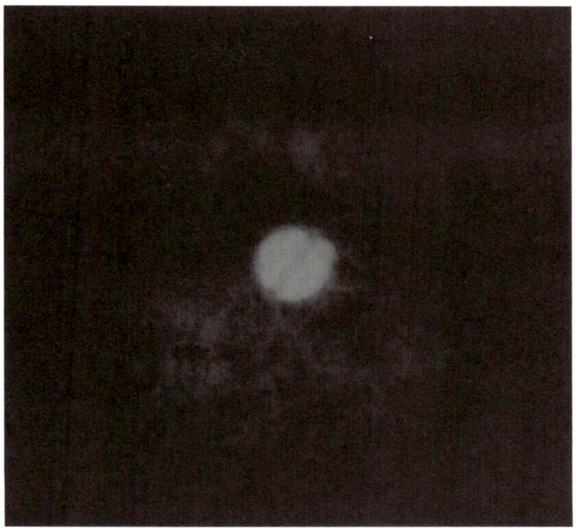

洛阳拖拉机厂 M7 · 9：3

时代：西晋
规格：直径 10.7 厘米
来源：1955 年 4 月，洛阳拖拉机厂（12 工区）

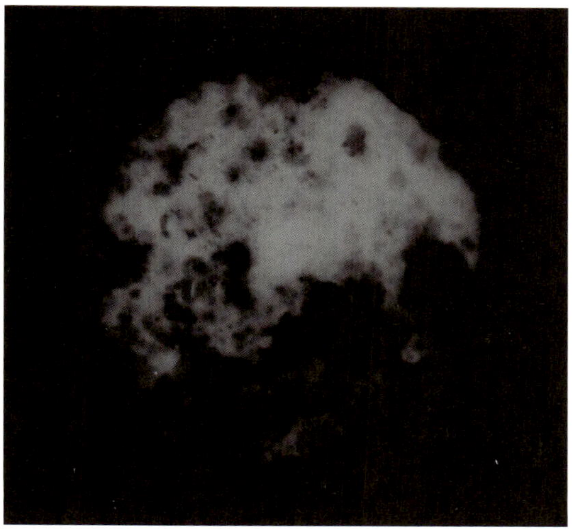

洛阳拖拉机厂 C4M 二 021：2

时代：西晋
规格：直径 13 厘米
来源：1956 年 10 月，洛阳拖拉机厂（12 工区）

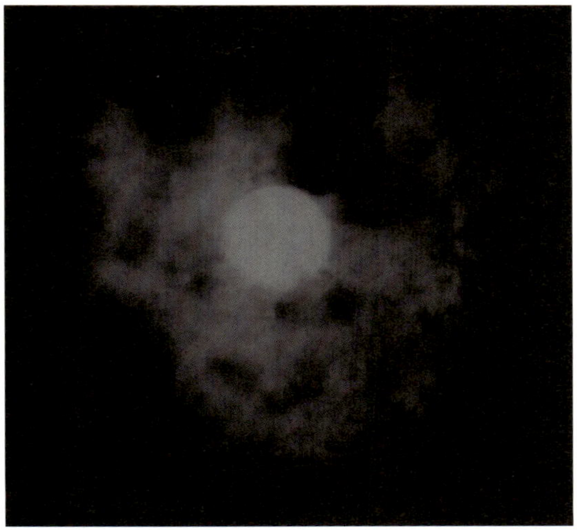

洛阳矿山厂 M85：16

时代：西晋
规格：直径 11.1 厘米
来源：1955 年 10 月，洛阳矿山厂（16 工区）

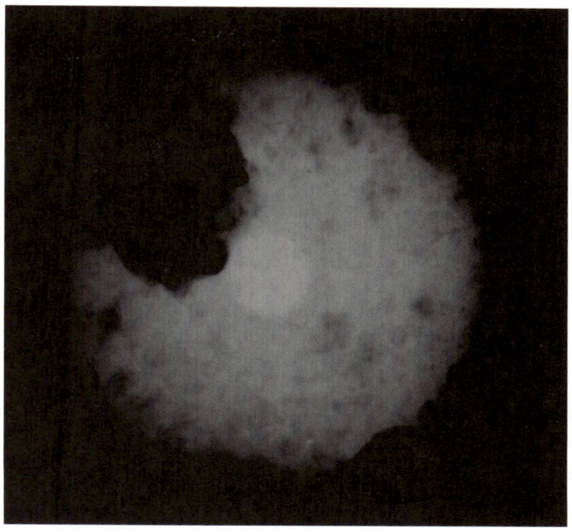

洛阳矿山厂 M89：2

时代：西晋
规格：直径 10.8 厘米
来源：1955 年 10 月，洛阳矿山厂（16 工区）

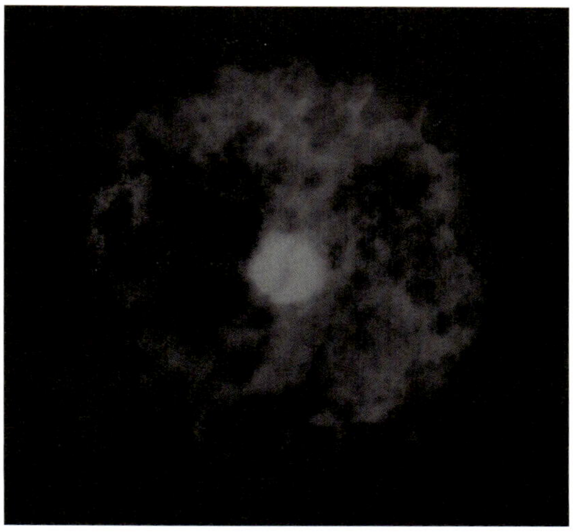

洛阳矿山厂 M90：1

时代：西晋
规格：直径 16 厘米
来源：1955 年 10 月，洛阳矿山厂（16 工区）

洛阳矿山厂 M90：7

时代：西晋
规格：直径 11.5 厘米
来源：1955 年 10 月，洛阳矿山厂（16 工区）

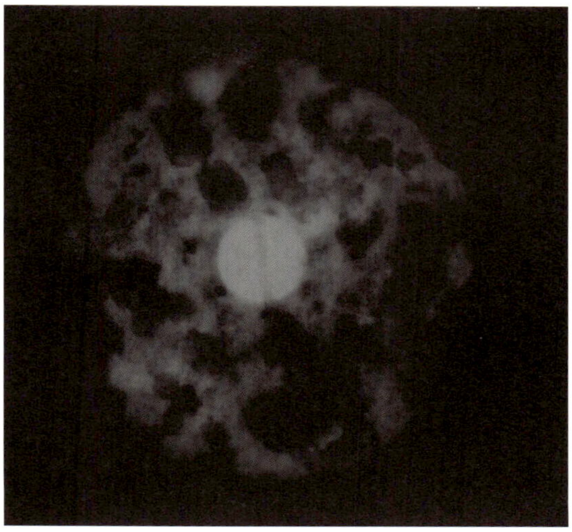

洛阳食品公司仓库 M2：7

时代：西晋
规格：直径 17 厘米
来源：1955 年 11 月，洛阳食品公司仓库

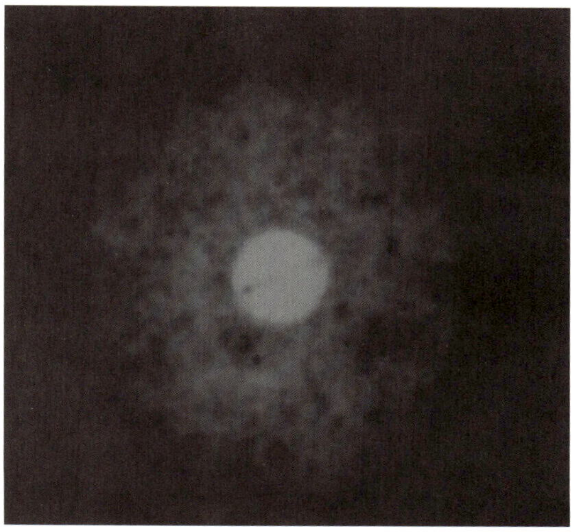

洛阳矿山厂 M 三 007：21

时代：西晋
规格：直径 11.5 厘米
来源：1957 年 3 月，洛阳矿山厂（16 工区）

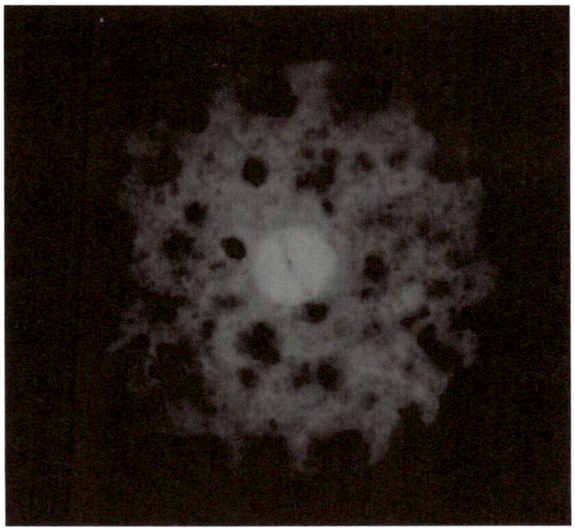

洛阳矿山厂 M 三 009：9

时代：西晋
规格：直径 14.8 厘米
来源：1957 年 12 月，洛阳矿山厂（16 工区）

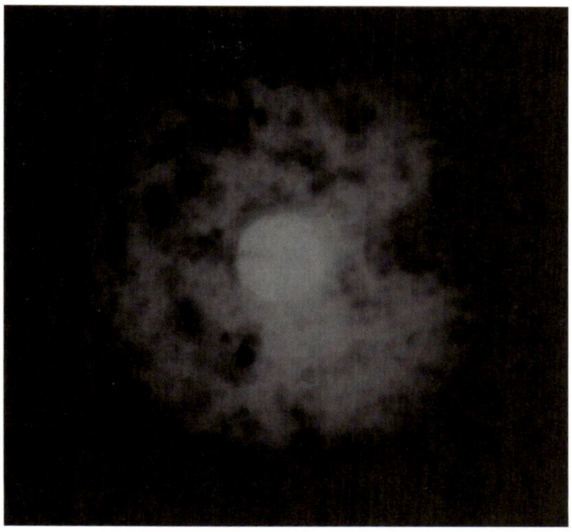

洛阳拖拉机厂防空洞 M1：6

时代：西晋
规格：直径 14.5 厘米
来源：1966 年 11 月，洛阳拖拉机厂防空洞

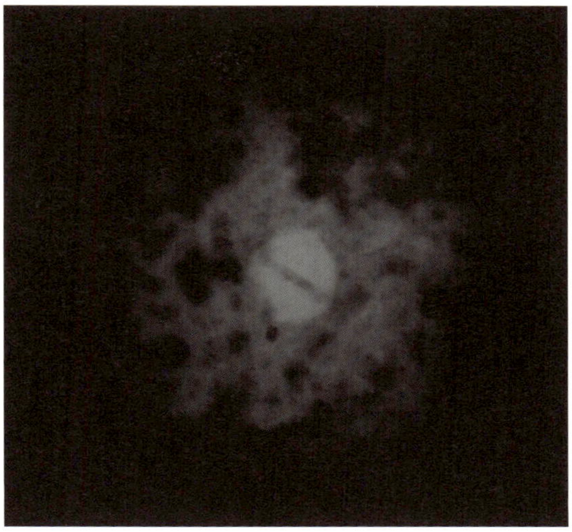

洛阳拖拉机厂防空洞 M1：7

时代：西晋
规格：直径 17 厘米
来源：1966 年 11 月，洛阳拖拉机厂防空洞

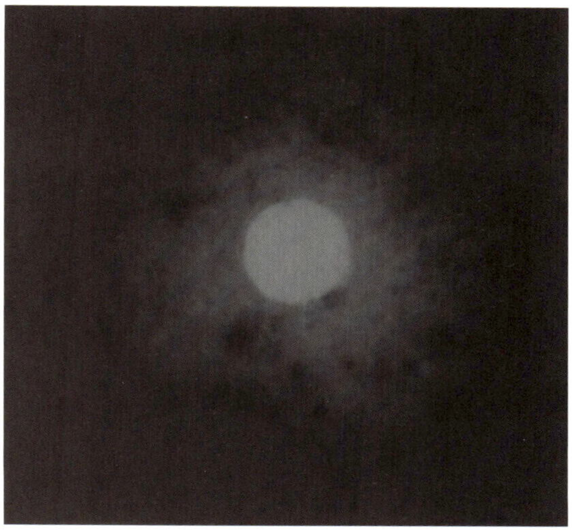

X光照片显示为圆钮座，钮座外或为变形弧方四叶纹，平缘。

洛阳矿山厂水压机车间 M 扩 2—58：8

时代：西晋
规格：直径 14.3 厘米
来源：1969 年 12 月，洛阳矿山厂水压机车间

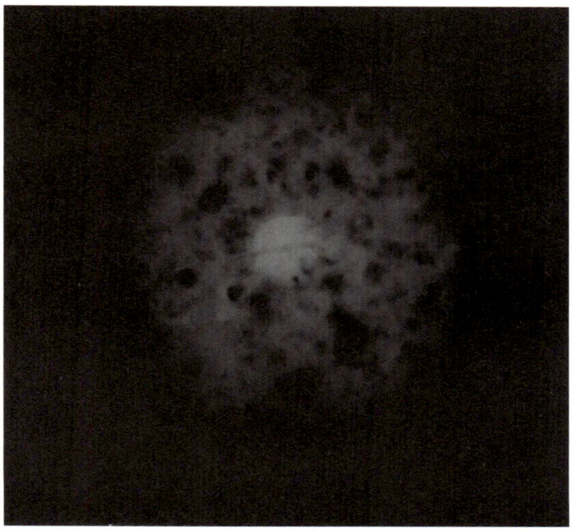

洛阳 5106 厂 M1：4

时代：西晋
规格：直径 13.1 厘米
来源：1970 年 1 月，洛阳 5106 厂（原 344 部队）

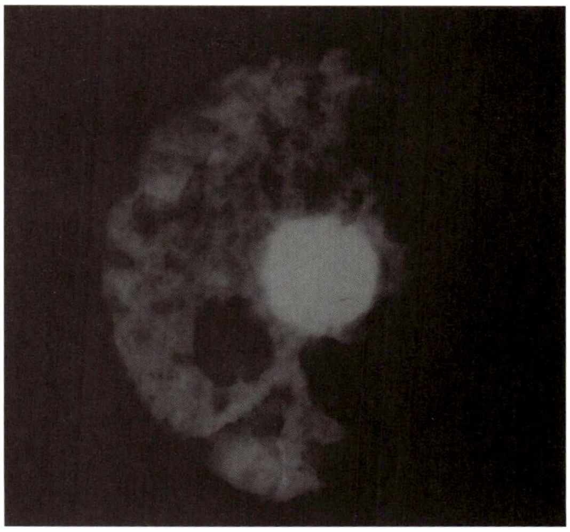

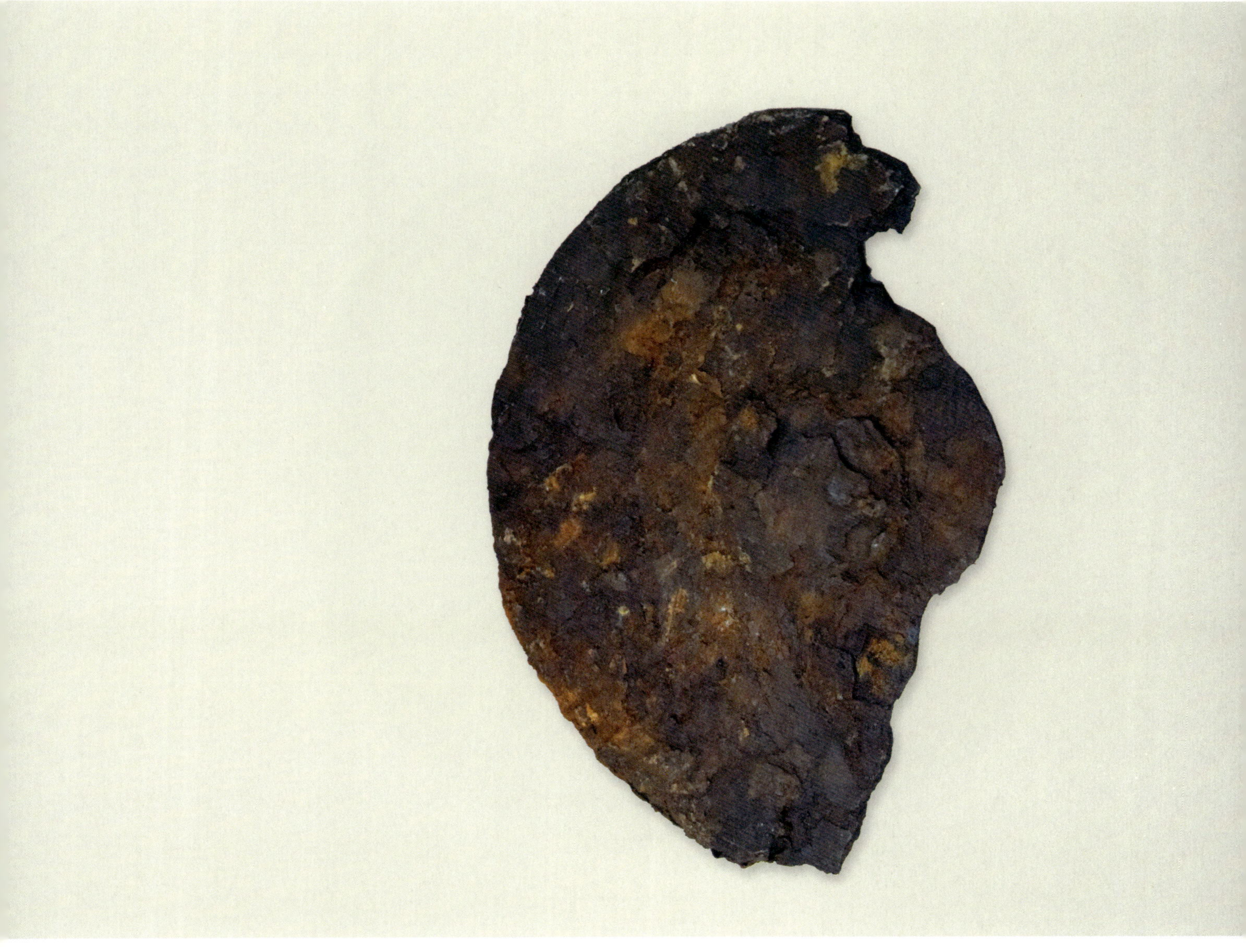

洛阳原八步校 M3：9

时代：西晋
规格：直径 12.9 厘米
来源：1972 年 4 月，洛阳原八步校

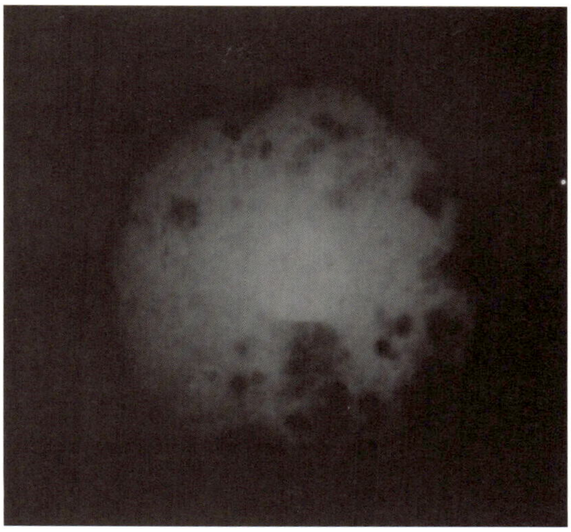

洛阳轴承厂五吨锤车间 C4M2：9

时代：西晋
规格：直径 18.7 厘米
来源：1973 年 8 月，洛阳轴承厂五吨锤车间

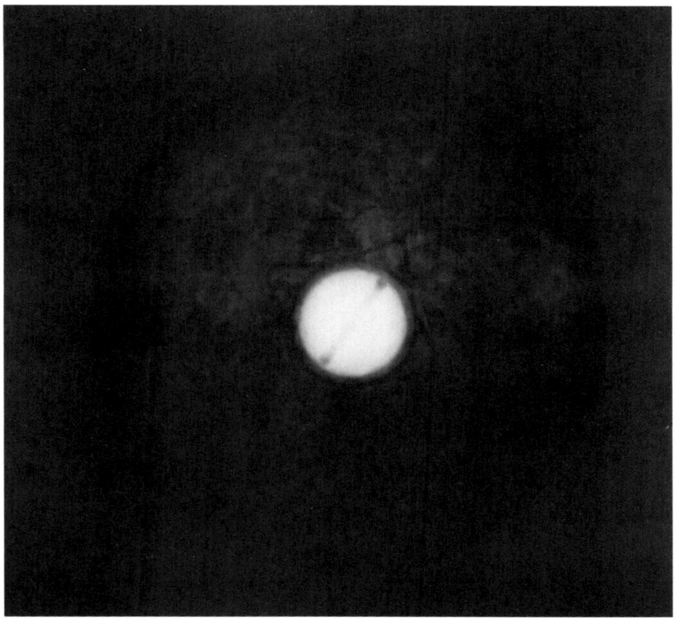

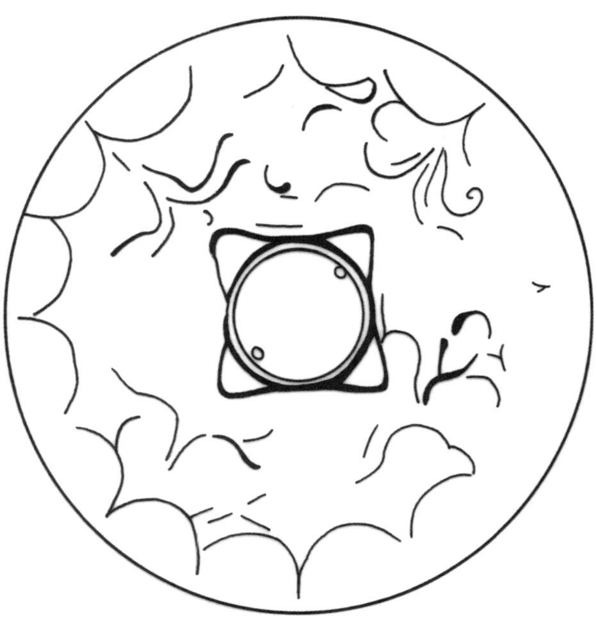

X光片显示为变形弧方四叶纹，主体纹饰或为变形夔凤纹，连弧形缘。

洛阳曙光机械厂 M2：1

时代：西晋
规格：直径 15.3 厘米
来源：1973 年 11 月，洛阳市曙光机械厂

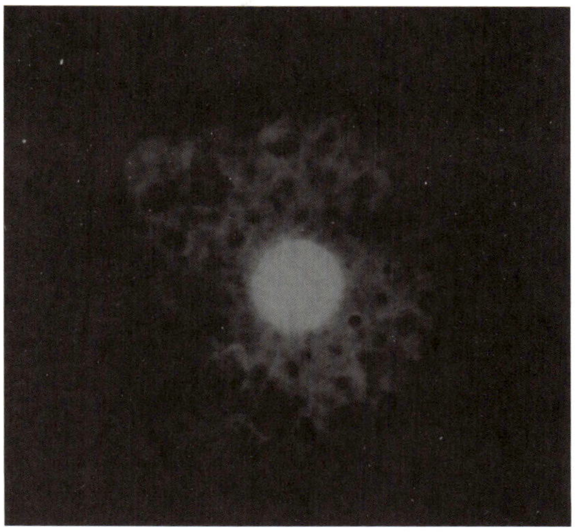

洛阳机瓦厂门东 M1：1

时代：西晋
规格：直径 18 厘米
来源：1979 年，洛阳机瓦厂门东

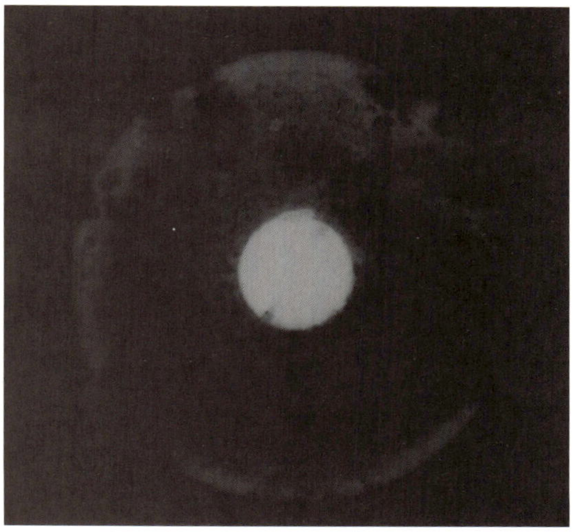

X 光片显示有弧形阴影，可能为连弧纹，平缘。

洛阳炼油厂三联合 C9M287：11

时代：西晋
规格：直径 16.2 厘米
来源：1987 年 7 月，洛阳炼油厂三联合

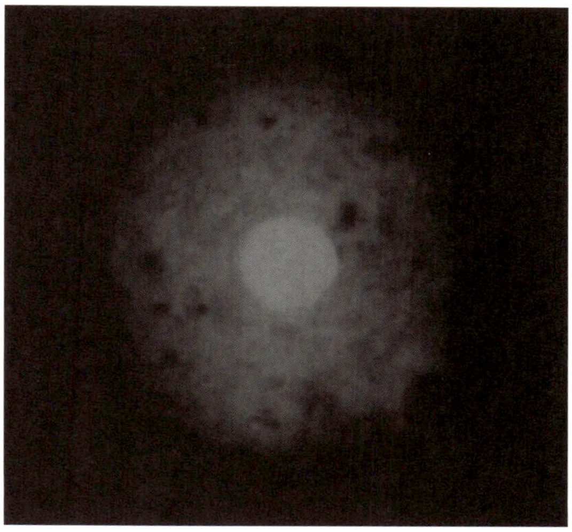

洛阳嵩县果酒厂 M2：1

时代：西晋
规格：直径 14 厘米
来源：1987 年 4 月，洛阳市嵩县果酒厂

洛阳新安县政府招待所 M27：18

时代：西晋
规格：直径 16 厘米
来源：1992 年秋，洛阳市新安县政府招待所

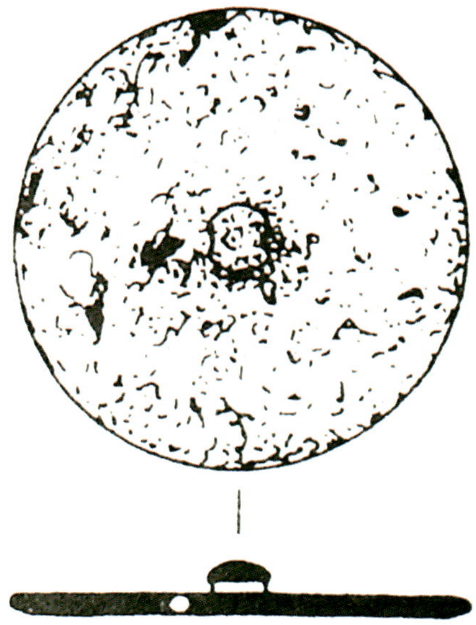

洛阳偃师华润电厂 M29：2

时代：西晋
规格：直径 11.4 厘米
来源：2003 年，洛阳偃师华润电厂

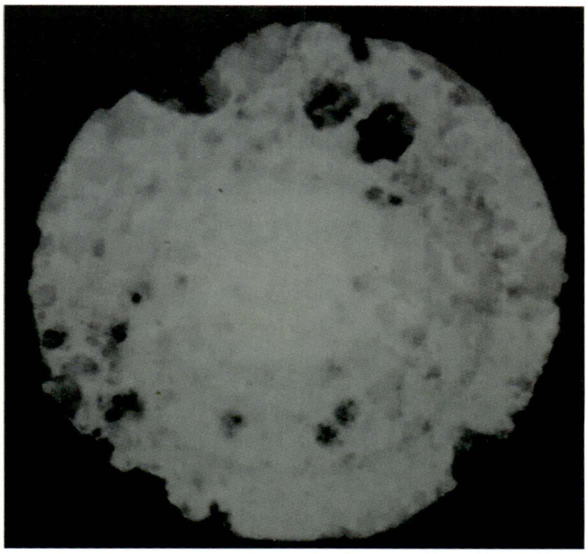

X 光片显示的宽缘，有两周弦纹。

洛阳厚载门街 CM3034：13

时代：西晋
规格：直径 5 厘米
来源：2006 年 8 月，洛阳厚载门街

洛阳偃师中成九州府 C18M837：10

时代：西晋
规格：直径 12.5 厘米
来源：2021 年，偃师中成九州府

洛阳孟津平乐镇朱仓村 09LHZM19：4

时代：西晋
规格：直径 12.4 厘米
来源：2009 年 4 月至 2010 年 4 月，洛阳市孟津区平乐镇朱仓村

洛阳孟津送庄三十里铺 M57：3

时代：西晋
规格：直径 12 厘米
来源：2009 年 7~9 月，洛阳市孟津县送庄乡三十里铺村大汉冢西晋围沟

古镜图例【北魏】

洛阳炼油厂三联合 C9M315

时代：北魏
规格：直径 21 厘米
来源：1987 年 8 月，洛阳炼油厂三联合正光五年（524）辅国将军、博陵太守吕达墓

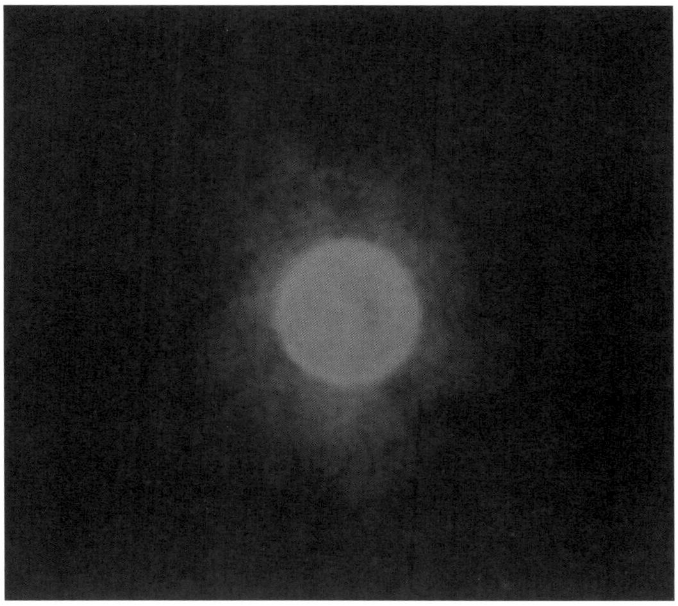

X光照，镜背纹饰为四蒂形钮座，主体纹饰似为简化夔凤纹，外侧饰内连弧纹，宽平缘。

洛阳吉利济涧村 M2305：7

时代：北魏
规格：直径 14.1 厘米
来源：2007 年 2 月，洛阳市吉利济涧村

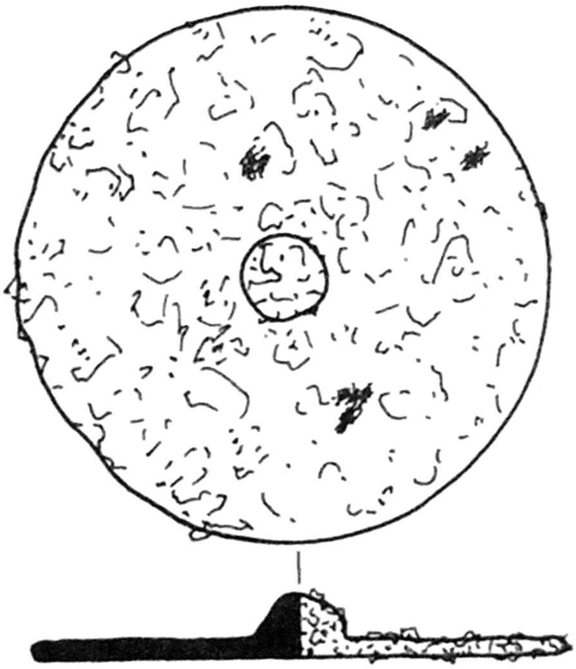

古镜图例【唐宋】

洛阳拖拉机厂 M5 · 8 · 7：4

时代：唐
规格：直径 12.5 厘米
来源：1955 年 10 月，洛阳拖拉机厂（12 工区）

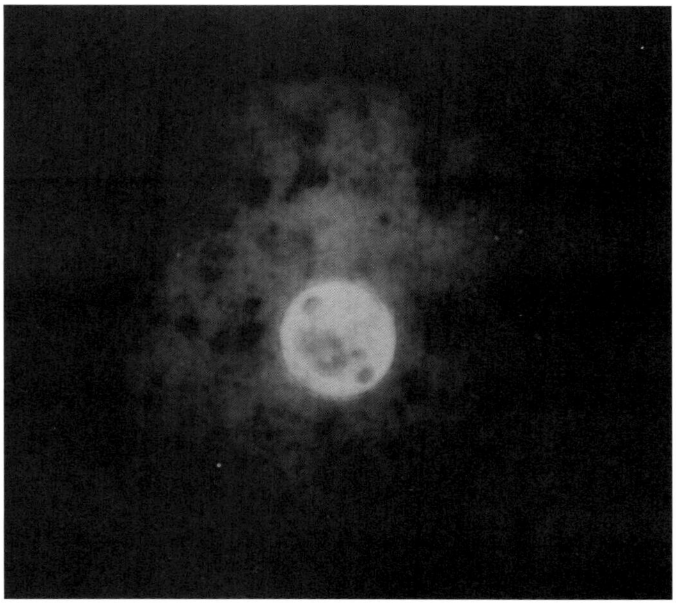

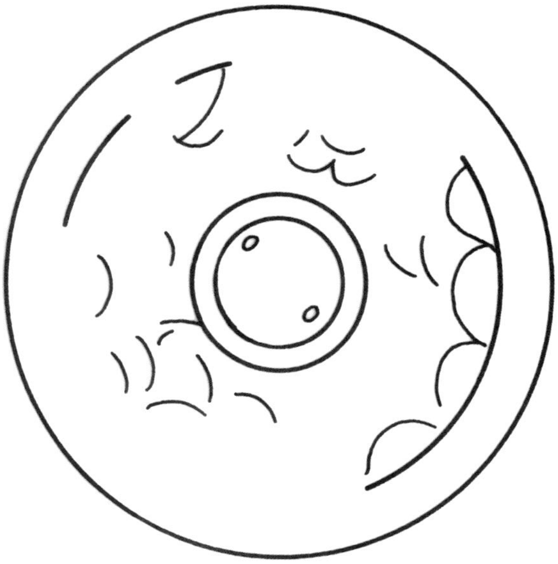

X光片显示为圆钮座，平素缘。缘内侧为连弧纹，主区多弧线纹。

洛阳矿山厂 M64：3

时代：唐
规格：直径 16.2 厘米
来源：1955 年 9 月，洛阳矿山厂（16 工区）

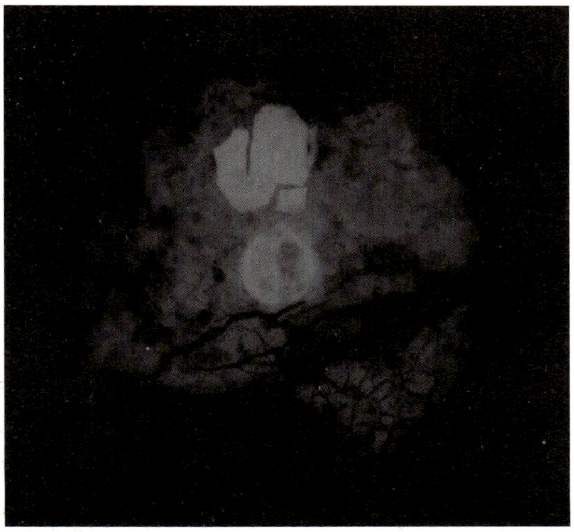

洛阳矿山厂 M93：11

时代：唐
规格：直径 18.5 厘米
来源：1955 年 11 月，洛阳矿山厂（16 工区）

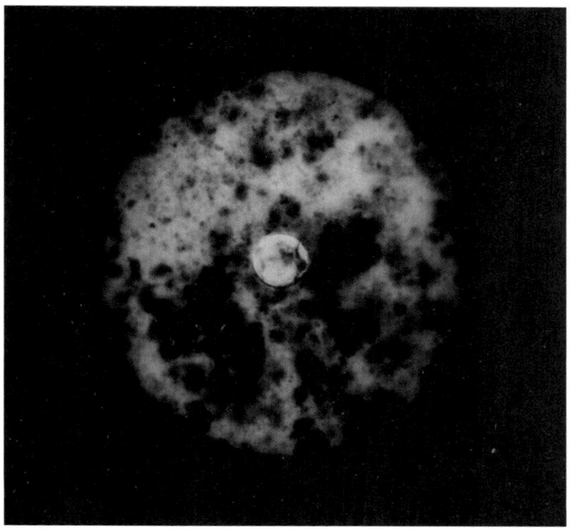

洛阳钢厂 M5：2

时代：唐
规格：直径 19.3 厘米
来源：1965 年 8 月，洛阳钢厂予〇一（501 工区）

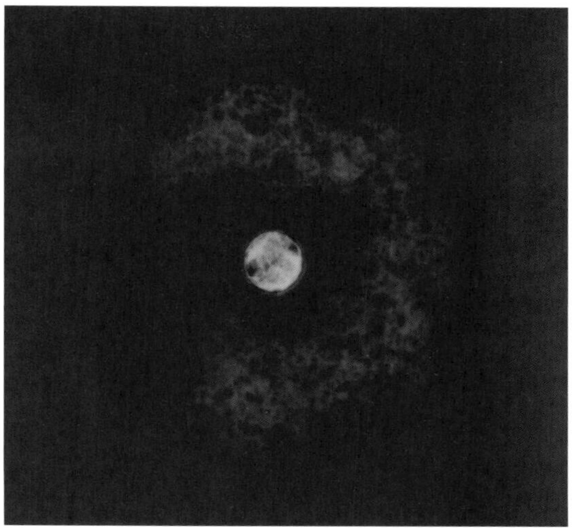

洛阳钢厂 M92：6

时代：唐
规格：直径 5.8 厘米
来源：1966 年 12 月，洛阳钢铁厂（603 工区）

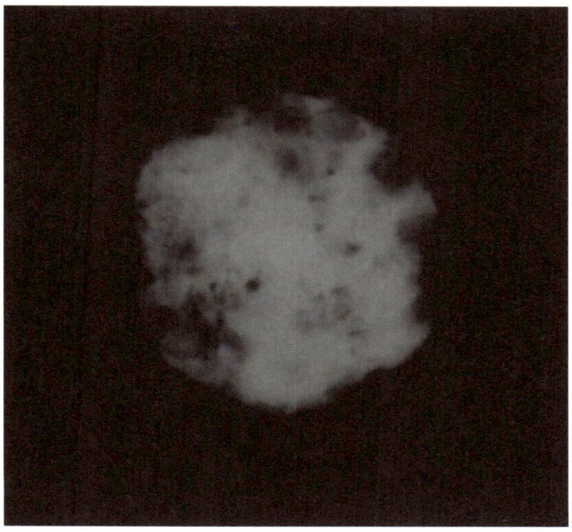

洛阳电讯器材厂 C5M3：2

时代：唐
规格：直径 15.2 厘米
来源：1974 年 11 月，洛阳东郊电讯器材厂食堂

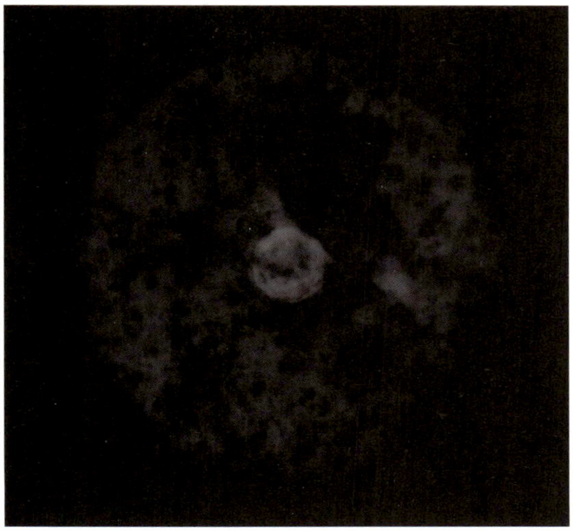

洛阳供电局南流变电站 C7M19：1

时代：唐
规格：直径 16.7 厘米
来源：1981 年 12 月，洛阳南郊供电局南流变电站

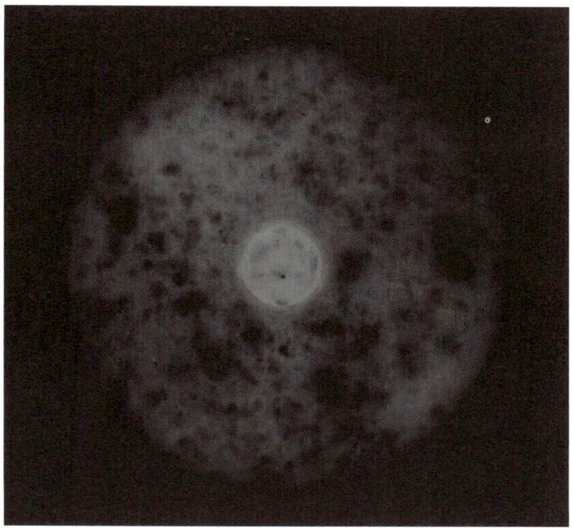

洛阳钢厂 M197：1

时代：宋
规格：直径 12.2 厘米
来源：1966 年 3 月，洛阳钢厂（603 工区）

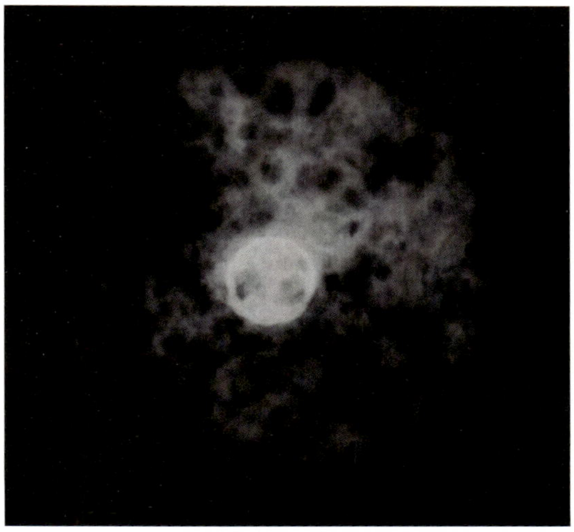

洛阳劳改砖瓦厂 M132：3

时代：唐
规格：直径 19.6 厘米
来源：1956 年 5 月，洛阳北郊劳改砖瓦厂（29 工区）

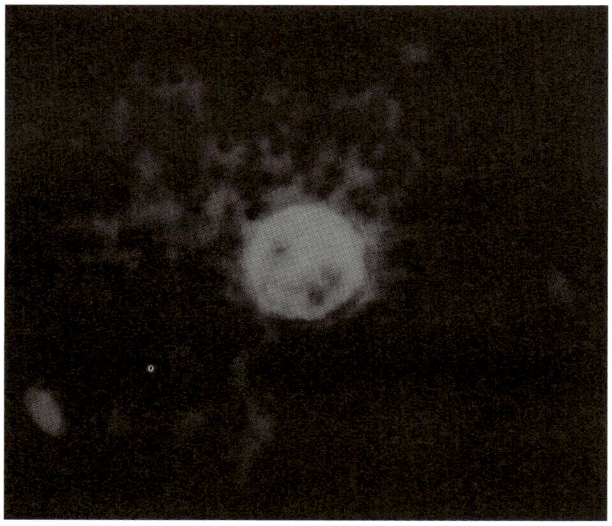

洛阳偃师沟口头砖厂 M1：40

时代：唐
规格：直径 10.8 厘米
来源：1990 年春，洛阳市偃师县沟口头砖厂

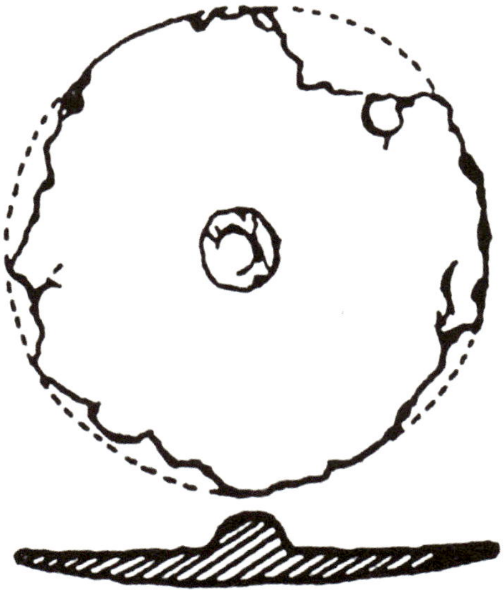

洛阳关林镇 M1267：35

时代：唐
规格：直径 12.2 厘米
来源：2002 年 11 月至 2004 年 1 月，洛阳市关林镇

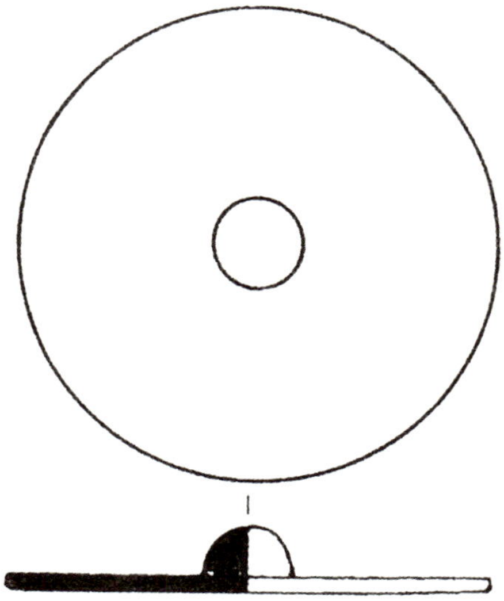

隋唐洛阳城宋代衙署区遗址 HT103 ②：1

时代：宋
规格：直径 23 厘米
来源：隋唐洛阳城宋代衙署区遗址

隋唐洛阳城宋代衙署区遗址 HT167 ②：2

时代：宋

规格：直径 16 厘米

来源：隋唐洛阳城宋代衙署区遗址

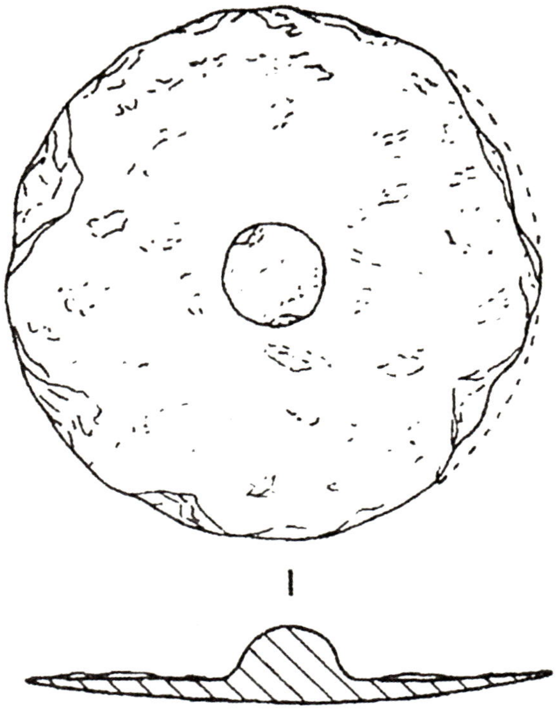

古镜图例【时代不明】

洛阳市人大办公楼 M1

时代：时代不明
规格：直径 14 厘米
来源：1955 年 10 月，洛阳市人大办公楼（48 工区）

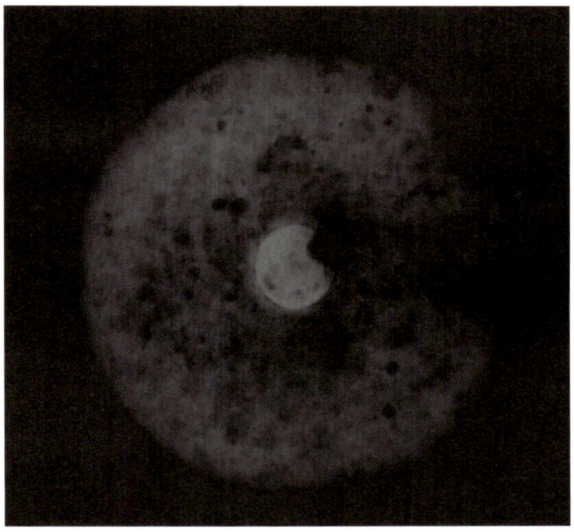